NANETTES BACKBUCH

Die gesammelten Rezepte
einer Landbäuerin

ars vivendi

Fünfte Auflage März 2021
Vierte Auflage Februar 2021
Dritte, überarbeitete Auflage Januar 2021
Zweite Auflage Oktober 2020
Erste Auflage Oktober 2020

www.arsvivendi.com

Text und Lektorat: Stephanie Arlt
Einband und Layout: Sarah Eschbach
Coverfoto: © The Picture Pantry, Stockfood
Druck: Pustet Regensburg

Printed in Germany

ISBN 978-3-7472-0089-6

Bildnachweis:

Foodfotos: © Katharina Pflug, www.katharinapflug.de

sonstige Fotos:
S.4, S.5, S.6, S.35 S.44, S.75, S.88, S.97, S.106, S.107, S.114, S.126, S.145, S.158, S.164, S.186 aus der privaten Sammlung der Familie Herz;
S.2, S.8, S.12, S.171, S.188 © ars vivendi verlag;
Vorsatz, S.7, S.120, S.144, S.156 © Manuela Rüther, Stockfood;
S.62: © Bildarchiv Foto Marburg
Illustrationen: © Olga Kuzmicheva

inhalt

Vorwort

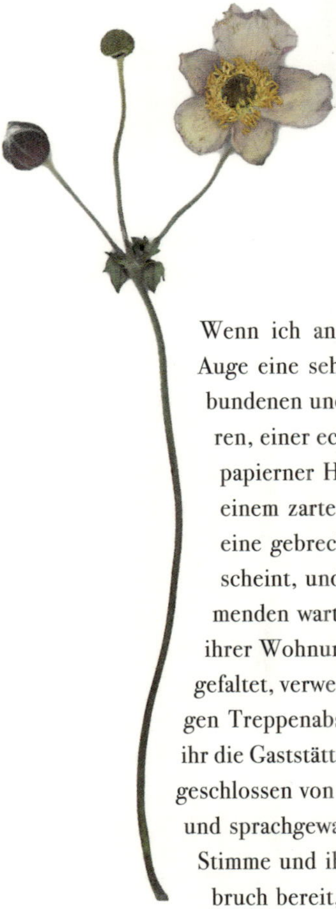

Wenn ich an Nanette denke, sehe ich vor meinem inneren Auge eine sehr alte, sehr kleine Frau mit fest nach hinten gebundenen und zu einem hohen Dutt zusammengesteckten Haaren, einer eckigen Brille, fleckiger, dünner und daher beinahe papierner Haut, unter der sich feine Adern abzeichnen, und einem zarten Lächeln auf den Lippen. Ich erinnere mich an eine gebrechliche Frau, die einer anderen Zeit entsprungen scheint, und wohl auf kurzweilige Gespräche mit Vorbeikommenden wartend nachmittags gespannt auf dem Holzstuhl vor ihrer Wohnungstür im ersten Stock sitzt. Die Hände im Schoß gefaltet, verweilte sie dort ganz ruhig und lauschte mit dem Blick gen Treppenabsatz dem unermüdlichen Treiben im Haus: unter ihr die Gaststätte »Bauhof«, über ihr der Verlag »ars vivendi« – eingeschlossen von dem Duft nach deftigem, frisch gekochtem Essen und sprachgewaltigen Gedanken. Milde im Blick, aber mit fester Stimme und ihrem Gehstock in Griffnähe war sie wie zum Aufbruch bereit, und wenn ich, die Lektorin oben im »Verlaach«, bei ihr stehen blieb, trugen ihre Worte mich in andere Zeiten.

Heute erzählen der leere Stuhl, das abgedeckte, dunkelbraune Beistelltischchen daneben und die grau lackierte, imposant-breite Tür, deren Milchglas von innen mit einem hellblauen Stoff verhängt ist, eine Geschichte ohne Nanette. Ihr Name ist vom Klingelschild verschwunden und der verwaiste Platz zeugt täglich von ihrem vergangenen Leben, das so viele andere geprägt hat.

Die Idee zu einem Buch über Nanettes Leben und Wirken, dem sich über ihre Leidenschaft zu backen angenähert wird, entstand im Frühjahr 2019, etwa ein Jahr nach ihrem Tod. Schließlich hatte Nanette Herz in ihren 91 Lebensjahren wahrlich einen Schatz an traditionellen, aber auch sehr vielfältigen süßen Rezepten angesammelt, den es in den letzten Monaten zu heben galt; so verraten allein ihre Rezepte einiges darüber, was sie selbst zu Lebzeiten am liebsten genascht und wie sie ihre Gäste an der Kaffeetafel gerne verköstigt hat. Zugleich wurden in Gesprächen mit Verwandten, Bekannten und anderen Lebensgefährten ihr Weg und Einfluss in der Region nachgezeichnet – denn Nanette selbst wie auch ihre besten Rezepte dürfen nicht in Vergessenheit geraten.

Besonders gerne denke ich an das Treffen mit Nanettes Kindern, Schwiegerkindern, Enkelkind und Ziehschwester zurück, das nach mehreren drückenden Hitzetagen an einem für die Jahreszeit überraschend kühlen und verregneten Tag im Juli stattfand. Wir trotzten also Wind und Wetter und versammelten uns in großer Runde am langen Esstisch des Verlegers, der zum gemeinsamen Abendbrot und Geschichtenerzählen geladen hatte. Bei Bier und Wein lockerten sich die Zungen, alles um mich lachte, man stachelte sich gegenseitig an und ich verlor mich in den Erinnerungen der anderen, die mich sogleich in ihre Mitte aufgenommen hatten. Herzlich, lustig und lang war dieser Abend mit vielen neuen Eindrücken von einer starken, unabhängigen Frau, die nicht nur für ihre Familie, sondern auch für ihre Heimat unglaublich viel getan hat – bis sie nicht mehr da war.

ZERTIFIKAT

Was jeden Einzelnen von uns ausmacht, ist, was er erlebt, erduldet und erreicht hat – und wie davon erzählt wird, wenn man nicht mehr ist. Das wurde mir einmal mehr bewusst, als ich nach dem heiteren, lauten Beisammensein in die ruhige, klare Nacht hinausging; die Wolken waren vorübergezogen, der Himmel lag wieder frei und ich nahm mir ein paar Sekunden, in denen ich mir wieder Nanettes Gesicht, vom Alter gezeichnet und so wie ich sie kennengelernt hatte, in Erinnerung rief. Sie hatte viel erlebt, sehr viel, wie mir erzählt wurde und was ich auch selber »im Vorbeigehen« von ihr erfahren hatte.

Im Jahr 1927 geboren, zogen an Nanette nicht nur der Zweite Weltkrieg und der Einfall der amerikanischen Truppen in ihren kleinen mittelfränkischen Heimatort Cadolzburg vorüber, sondern auch Not und Verzweiflung nach dem Kriegsende, das Wirtschaftswunder in den 50ern und der landwirtschaftliche Strukturwandel, bis die Digitalisierung Einzug in unser aller Leben hielt – in Nanettes Leben freilich nur noch am Rande. Dabei begegnete sie den Veränderungen mal energisch, mal mit Wehmut im Blick, aber immer mit fester Stimme und wohlüberlegten Worten, was auch ihre Erzählungen als Zeitzeugin für das »Haus der Bayerischen Geschichte« belegen. In gewisser Weise skeptisch und doch offen, manchmal eher erstaunt und nie zurückhaltend sprach sie von den großen Stationen in ihrem Leben, die wie Fixpunkte in diesem Buch durch die Zeit geleiten sollen: von der Kindheit auf dem Bauernhof und ihrer Heirat 1948 mit dem sechs Jahre älteren Hans Herz, einem stattlichen jungen Bauern aus dem Cadolzburger Kraftstein, über die Landfrauenschule in Blaubeuren und die Ernennung zur Kreisbäuerin bis hin zur Gründung des Landfrauenchors und Erhalt der Landkreismedaille sowie des Bundesverdienstkreuzes. Neben ihrem engsten Familienkreis erzählen schließlich auch zwei Vertraute aus dem Landfrauenchor von ihren Erinnerungen an Nanette und ihrem bewegten Leben.

nanettes backtipps

Ist der Kuchen fertig gebacken? Mit der **STÄBCHENPROBE** lässt sich das ganz einfach herausfinden: Einfach das Stäbchen in den höchsten Teil des Kuchens stecken – bleibt beim Herausziehen noch Teig daran haften, muss der Kuchen noch ein paar Minuten im Ofen verbleiben.

Nanette verwendete für ihre Kuchen immer **EIER** der **GRÖSSE M**, ihren Backofen heizte sie stets mit der Funktion **OBER-/UNTERHITZE**.

Damit sich der Kuchen **GUT AUS DER FORM** löst, diese entweder mit Butter einstreichen und nach Belieben noch mit Semmelbröseln ausstreuen oder mit Backpapier auskleiden. Biskuitteig immer in eine ungefettete Form geben, da dieser sonst nicht aufgeht; lässt sich das Backpapier nach dem Backen nicht gleich abziehen, mit kaltem Wasser anfeuchten.

Werden ein paar wichtige Grundregeln beachtet, ist die Zubereitung der verschiedenen Teigarten nicht schwer.

Klassischer **BISKUITTEIG** enthält keine Butter, die Eier werden in der Regel getrennt, die Eigelbe mit Zucker schaumig geschlagen und die Eiweiße mit einer Prise Salz zu Eischnee verarbeitet. Dabei wird beim Rühren viel Luft eingeschlossen, die zugleich als natürliches Triebmittel wirkt. Wird der Teig nach dem Unterheben des Eischnees sofort gebacken, geht er bei ungefetteter Form auch schön auf. Vor dem Durchschneiden den Biskuit immer gut auskühlen lassen, so zerfällt er nicht!

Beim **RÜHRTEIG** werden – wie der Name schon sagt – alle Zutaten zügig miteinander verrührt. Eier und Butter sollten beim Verarbeiten zimmerwarm sein, die trockenen Zutaten lassen sich bereits vorab mischen und dann löffelweise zum Teig geben. So verbindet sich alles gut miteinander, der Teig wird besonders flaumig und feinporig.

Für **MÜRBETEIG** sollten alle Zutaten, insbesondere die Butter, kalt sein und rasch zu einem festen Teig verarbeitet werden. In Frischhaltefolie eingeschlagen ist der Teig leicht zu kühlen, sollte vor der Weiterverarbeitung 30 Minuten ruhen und kann bis zu 5 Tage im Kühlschrank aufbewahrt werden. Außerdem lässt er sich – ohne Backpulver zubereitet – auch ganz einfach einfrieren. Auszurollen ist er am schnellsten zwischen zwei Lagen Frischhaltefolie. Damit der Teig im Ofen keine Blasen wirft und die Luft entweichen kann, am besten vor dem Backen mehrmals mit einer Gabel einstechen.

Ein **HEFETEIG** braucht durchaus Zeit und Geduld, muss er doch gut ausgeknetet werden und zwischenzeitlich immer wieder für einige Zeit ruhen. Für den Teig sollten alle Zutaten zimmerwarm sein, bekömmlicher und noch lockerer wird er durch die Zugabe von lauwarmem Joghurt oder Buttermilch. Besonders sollte darauf geachtet werden, dass die Hefe nicht in direkte Verbindung mit Salz und Fett kommt, da sie sonst in ihrer Triebkraft gehemmt wird.

aus der form

Kuchen aus der Form – ob Spring-, Napf- oder Kranzform – ist meistens sehr schnell zubereitet und kann dennoch ungemein vielfältig sein. Besonders gerne hat Nanette im Frühling und Sommer Rhabarber- und Johannisbeerkuchen gebacken, im Winter zauberte sie am liebsten Schoko-Nuss-Kuchen und einen gehaltvollen Käsekuchen oder Wein-Apfel-Kuchen aus eingelagerten Früchten auf den Kaffeetisch. Mit dem Obstgarten direkt auf der anderen Straßenseite hatte sie es nicht weit zu frischen Kirschen, Zwetschgen, Birnen und Äpfeln, die auch in großen Gläsern eingeweckt wurden, um Vorrat für das ganze Jahr zu haben. Heute ist der Garten mit beinahe hüfthohem Gras zugewachsen und in den Sommermonaten verschlingen die Vögel die süßen Früchte und Beeren oft schneller als man sie pflücken könnte ... Schließlich ist Nanette nicht mehr da, um ihnen zuvorzukommen.

Schlupfkuchen mit Äpfeln

schlupfkuchen mit äpfeln

150 g weiche Butter
125 g Zucker
1 Pck. Vanillezucker
3 Eier
1 Prise Salz
2 EL Rum (nach Belieben)
200 g Mehl
2 TL Backpulver
40 g Rosinen
2 EL Milch, plus mehr bei Bedarf
750 g Äpfel, geschält,
Kerngehäuse entfernt
und an der Rundung eingeschnitten

Butter für die Form

Eine Springform (26 cm Ø) einfetten und den Backofen auf 190 °C vorheizen.

125 g Butter, Zucker und Vanillezucker schaumig schlagen. Die Eier einzeln dazugeben und jedes Ei etwa 30 Sekunden unterrühren. Salz und Rum untermengen, Mehl und Backpulver mischen, darübersieben und mit den Rosinen einarbeiten. So viel Milch unter den Teig rühren, bis er weich vom Löffel fällt.

Die restliche Butter zerlassen. Den Teig in die Form füllen, die Äpfel mit der Rundung nach oben auf den Teig legen und mit der zerlassenen Butter bestreichen. Etwa 45 Minuten backen.

Bananenschokoladenkuchen

bananen-schokoladen-kuchen

150 g Zartbitterschokolade
250 g weiche Butter
250 g Zucker
1 Pck. Vanillezucker
4 Eier
375 g Mehl
1 Pck. Backpulver
1 Prise Salz
150 g gemahlene Haselnusskerne
2 reife Bananen

Butter für die Form
Puderzucker zum Bestäuben

Eine Kastenform einfetten und den Backofen auf 180 °C vorheizen.

Die Zartbitterschokolade in einem Topf im Wasserbad schmelzen. Abkühlen lassen.

Butter, Zucker und Vanillezucker schaumig schlagen. Die Eier einzeln zugeben und jedes Ei etwa 30 Sekunden unterrühren. Das Mehl mit dem Backpulver mischen und zusammen mit Salz und Haselnusskernen zugeben. Die Schokolade einfließen lassen und alles gut vermengen. Die Bananen schälen, mit einer Gabel zerdrücken und gründlich unter den Teig heben.

Den Teig in die Form füllen und 45 Minuten im Ofen backen. Vor dem Servieren mit Puderzucker bestäuben.

versunkener kirschkuchen

versunkener Kirschkuchen

4 Eier
140 g weiche Butter
140 g Zucker
120 g Mehl
1 TL Backpulver
1 EL Rum
1 EL Semmelbrösel
90 g Zartbitterschokolade, fein gehackt
350 g entsteinte Schattenmorellen
aus dem Glas, abgetropft

Butter für die Form

Eine Springform (26 cm Ø) einfetten und den Backofen auf 180 °C vorheizen.

Die Eier trennen. Butter und Zucker schaumig schlagen, die Eigelbe einzeln unterrühren. Mehl und Backpulver mischen, über die Buttermischung sieben und zusammen mit Rum, Semmelbröseln und Zartbitterschokolade so lange vermengen, bis eine cremige Masse entstanden ist. Die Eiweiße steif schlagen und den Eischnee vorsichtig unterheben.

Den Teig in die Form füllen, glatt streichen und die Kirschen darauf verteilen. Etwa 50–60 Minuten im Ofen backen.

bienenstich

FÜR DEN TEIG

5 Eier
200 g Zucker
1 Pck. Vanillezucker
150 g Mehl
1 TL Backpulver
75 g Mandelblättchen

FÜR DIE CREME

400 g Sahne
1 Pck. Vanille-Paradiescreme

Den Boden einer Springform (26 cm Ø) mit Backpapier auslegen und den Backofen auf 180 °C vorheizen.

Für den Teig die Eier trennen. Die Eigelbe mit Zucker und Vanillezucker schaumig rühren. Die Eiweiße steif schlagen und unterheben. Mehl und Backpulver darübersieben und unterziehen. Den Teig in die Form füllen, mit Mandeln bestreuen und etwa 25 Minuten im Ofen backen. Den Biskuit abkühlen lassen.

Für die Creme die Sahne mit der Paradiescreme steif schlagen.

Den Biskuit einmal waagrecht durchschneiden, den Boden mit der Creme bestreichen und die Deckplatte wieder auflegen. Bis zum Servieren kalt stellen.

Mit frischen Beeren in der Creme noch leckerer!

Marmorkuchen

marmorkuchen

200 g Margarine
200 g Zucker
1 Pck. Vanillezucker
3 Eier
300 g Mehl
3 TL Backpulver
Milch nach Bedarf
3 EL Kakaopulver

Butter für die Form
Puderzucker zum Bestäuben

Margarine, Zucker, Vanillezucker und Eier schaumig rühren. Mehl und Backpulver mischen, über die Eiermischung sieben und untermengen. So viel Milch unterrühren, bis der Teig schwer reißend vom Löffel fällt.

Eine Napfkuchenform einfetten und den Backofen auf 175 °C vorheizen.

Zwei Drittel des Teigs in die Form füllen. Den restlichen Teig mit Kakaopulver und 2–3 EL Milch glatt rühren. Den dunklen Teig auf den hellen geben und eine Gabel spiralförmig durch die beiden Schichten ziehen. Etwa 50–60 Minuten im Ofen backen. Abkühlen lassen.

Vor dem Servieren mit Puderzucker bestäuben.

Schmeckt auch mit einer Schokoladenglasur ganz wunderbar!

Bei gleicher Zubereitung wird der Kuchen mit 250 g Butter, 200 g Zucker, 6 Eier, 425 g Mehl, 1 Pck. Backpulver, 1 Prise Salz, 150 g Crème fraîche und 2 EL Kakaopulver mindestens genauso gut!

Schokonusskuchen
schoko-nuss-kuchen

200 g weiche Butter
200 g Zucker
5 Eier
150 g gemahlene Haselnusskerne
65 g Kakaopulver
150 g Mehl
3 TL Backpulver

FÜR DEN GUSS

200 g Zartbitterschokolade

Butter für die Form

Die Butter mit Zucker und Eiern schaumig rühren. Haselnusskerne und Kakaopulver mischen.

Eine Springform (26 cm Ø) einfetten und den Backofen auf 180 °C vorheizen.

Das Mehl mit dem Backpulver mischen, über die Butter-Eier-Masse sieben und gut vermengen. Die Kakao-Nuss-Mischung unterheben.

Den Teig in die Form füllen und etwa 60 Minuten im Ofen backen. Abkühlen lassen.

Für den Guss die Zartbitterschokolade in einem Topf im Wasserbad schmelzen. Den Kuchen damit bestreichen.

Birnenschokokuchen

birnen-schoko-kuchen

250 g Butter
200 g Zartbitterschokolade
1 EL Instant-Espressopulver
100 g Erdnusskerne
100 g Walnusskerne
4 Eier
125 g Zucker
Mark von 1 Vanilleschote
200 g Mehl
2 TL Backpulver
1 Prise Salz
500 g Birnen aus der Dose,
abgetropft und geviertelt

Butter für die Form

Butter und Zartbitterschokolade in einem Topf im Wasserbad schmelzen. Das Espressopulver einrühren. Abkühlen lassen.

Erdnüsse und Walnüsse fein hacken.

Die Eier trennen und die Eigelbe mit 50 g Zucker und Vanillemark schaumig schlagen. Die Buttermischung zusammen mit Mehl, Backpulver und den gehackten Nüssen unter die Eigelbmasse rühren.

Eine Springform (26 cm Ø) einfetten und den Backofen auf 175 °C vorheizen.

Die Eiweiße mit etwas Salz steif schlagen, den restlichen Zucker einrieseln lassen und unter den Teig heben.

Den Teig gleichmäßig in die Form streichen und die Birnen dicht nebeneinander auflegen. Abschließend 40–45 Minuten im Ofen backen.

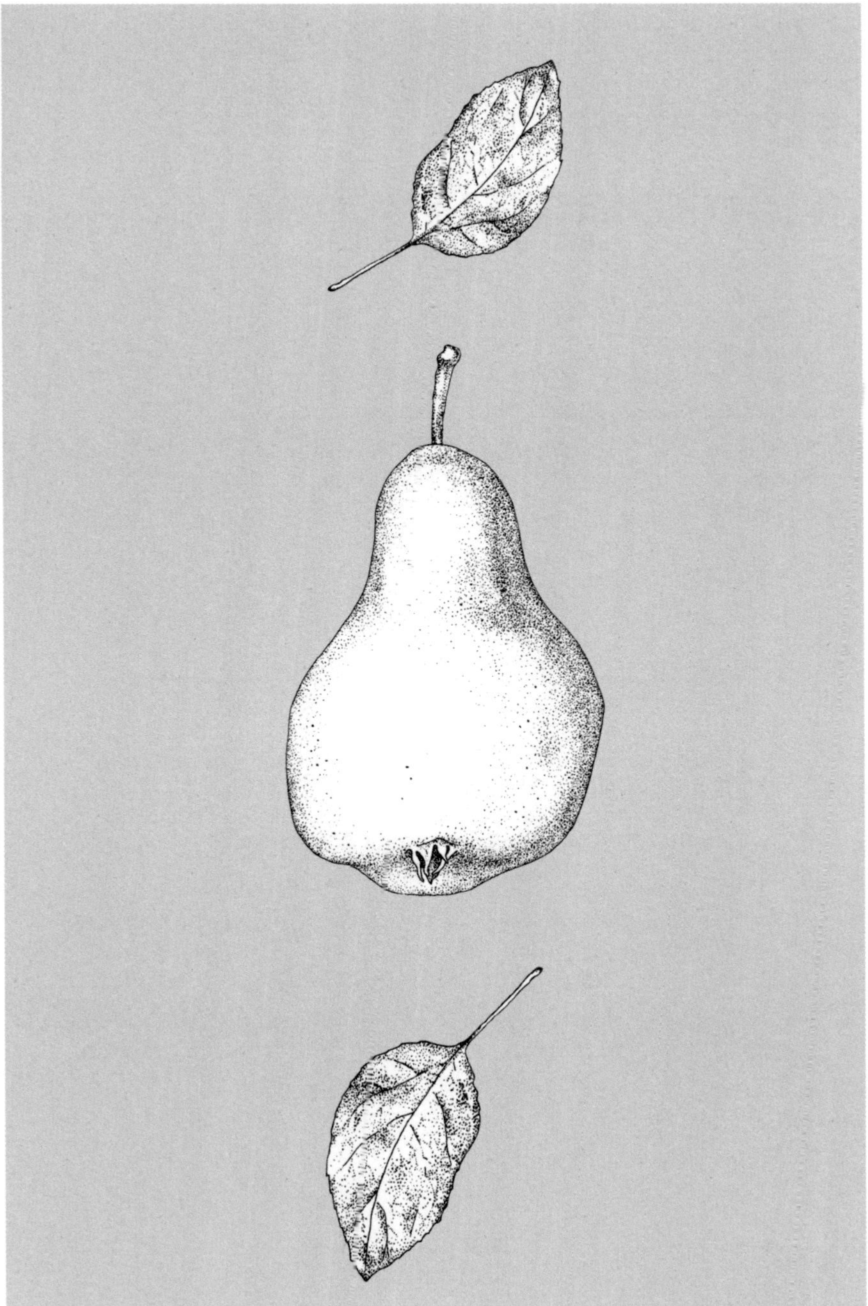

schneller schokoladenkuchen

100 g Butter
150 g Zucker
1 Pck. Vanillezucker
200 g Zartbitterschokolade
4 Eier
50 g Mehl
1 Prise Salz

Butter für die Form

Butter, Zucker, Vanillezucker und Zartbitterschokolade unter Rühren in einem Topf im Wasserbad schmelzen. Abkühlen lassen.

Die Eier trennen. Die Eigelbe unter die Schokoladenmasse mengen.

Das Mehl über die Schokoladenmasse sieben und unterheben. Die Eiweiße mit etwas Salz steif schlagen und unterziehen.

Eine Springform (26 cm Ø) einfetten, den Teig in die Form füllen und in den kalten Backofen stellen. Auf 180 °C aufheizen und etwa 40 Minuten backen.

nusskuchen mit kirschen und schokolade

250 g weiche Butter
200 g Zucker
1 Pck. Vanillezucker
4 Eier
250 g Mehl
3 TL Backpulver
250 g gemahlene Haselnusskerne
100 g Zartbitterschokolade, fein gehackt
350 g entsteinte Schattenmorellen
  aus dem Glas, abgetropft

Butter und Semmelbrösel für die Form
Puderzucker zum Bestäuben

Eine Napfkuchenform einfetten und mit Semmelbröseln ausstreuen. Den Backofen auf 175 °C vorheizen.

Butter, Zucker und Vanillezucker schaumig schlagen. Die Eier einzeln zugeben und jedes Ei etwa 30 Sekunden unterrühren. Mehl und Backpulver mischen und darübersieben. Haselnusskerne und Zartbitterschokolade zugeben und alles verrühren. Die Schattenmorellen vorsichtig unterheben.

Den Teig in die Form füllen und etwa 60–70 Minuten im Ofen backen. Vor dem Servieren mit Puderzucker bestäuben.

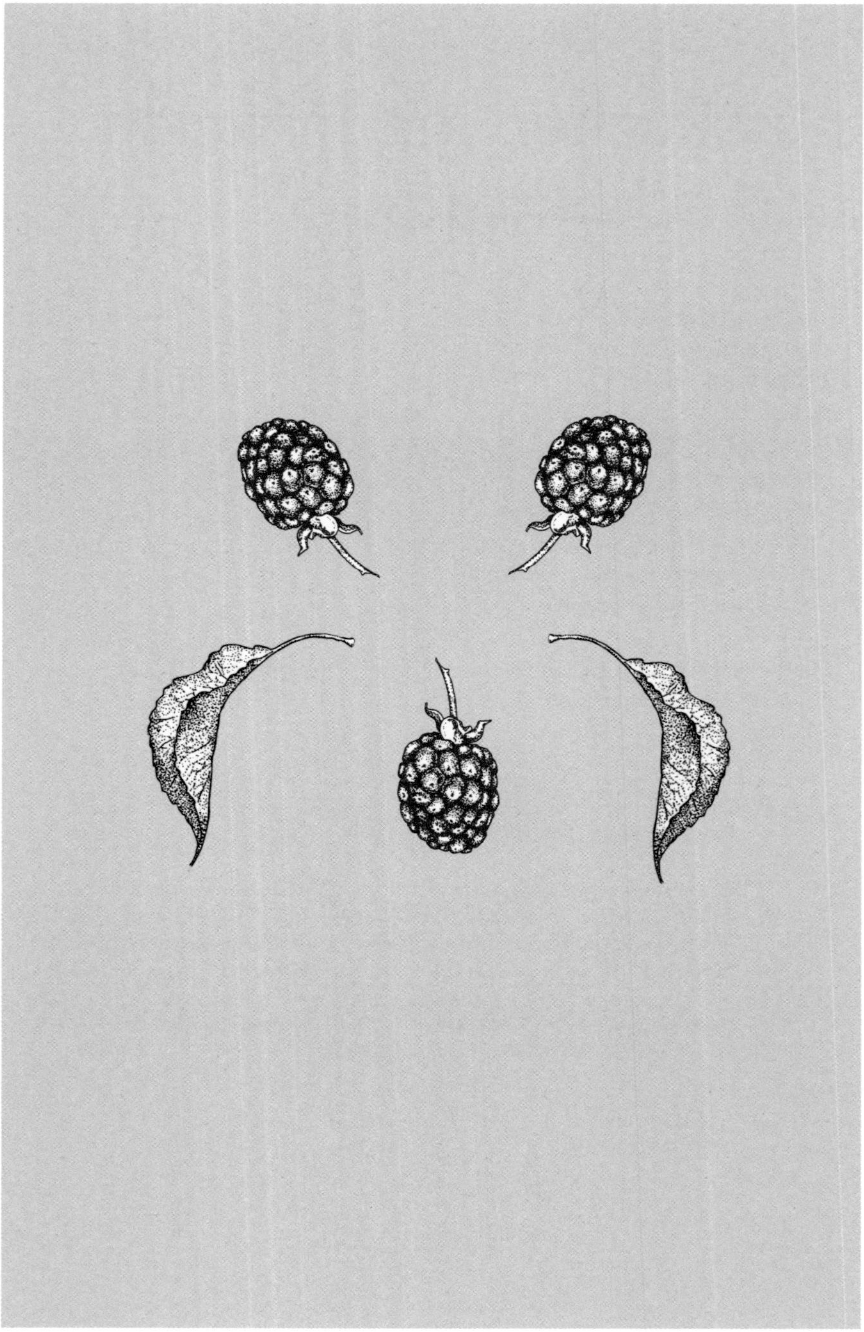

Joghurtkuchen mit Waldbeeren

150 g Margarine
150 g Naturjoghurt
300 g Zucker
1 Pck. Vanillezucker
3 Eier
350 g Mehl
1 Pck. Backpulver
Abrieb von 1 Bio-Zitrone
250 g frische Waldbeeren (Erdbeeren, Himbeeren und Heidelbeeren), große Früchte halbiert

Butter für die Form
Puderzucker zum Bestäuben

Eine Napfkuchenform einfetten und den Backofen auf 175 °C vorheizen.

Margarine, Joghurt, Zucker, Vanillezucker und Eier schaumig schlagen. Das Mehl mit dem Backpulver mischen, über die Masse sieben und mit Zitronenabrieb gut unterrühren. Die Waldbeeren vorsichtig unterheben.

In die Form füllen und etwa 45 Minuten im Ofen backen. Vor dem Servieren mit Puderzucker bestäuben.

Aprikosengitterkuchen

aprikosen-gitterkuchen

250 g Margarine
250 g Zucker
2 Eier
1 Prise Salz
Abrieb von 1 Bio-Zitrone
250 g gemahlene Mandeln
1 TL Zimt
250 g Mehl
1 TL Backpulver
500 g Aprikosen aus der Dose,
abgetropft und in Scheiben geschnitten

Butter für die Form

Spritzbeutel mit Sterntülle

Margarine, Zucker und Eier schaumig schlagen. Salz, Zitronenabrieb, Mandeln und Zimt zugeben. Mehl und Backpulver mischen und nach und nach unterrühren, bis ein glatter Teig entstanden ist.

Eine Springform (26 cm Ø) einfetten und den Backofen auf 175 °C vorheizen.

Etwa zwei Drittel des Teiges in die Form geben und die Aprikosen dicht aneinander auflegen. Den restlichen Teig in einen Spritzbeutel füllen und ein Gitter auf den Kuchen spritzen. Etwa 60 Minuten im Ofen backen.

Schwarzweißkuchen

schwarz-weiß-kuchen

250 g Margarine
250 g Zucker
1 Pck. Vanillezucker
5 Eier
2 EL Rum
250 g Mehl
1 Pck. Backpulver
2 EL Speisestärke
2 EL Kakaopulver
50 g gemahlene Haselnusskerne
2 TL Zimt

Butter für die Form

Eine Napfkuchenform einfetten und den Backofen auf 180 °C vorheizen.

Die Margarine mit Zucker, Vanillezucker und Eiern schaumig schlagen. Den Rum zugeben, das Mehl mit Backpulver und Speisestärke mischen, darübersieben und unterrühren. Alles gut vermengen.

Den Teig in 3 Portionen teilen. Die erste Portion mit Kakaopulver mischen und in die Form füllen. Die zweite Portion mit Haselnusskernen und Zimt vermengen und gleichmäßig auf der ersten Teigschicht verteilen. Die dritte Portion darübergeben und glatt streichen.

Etwa 50–60 Minuten im Ofen backen.

gugelhupf

500 g Mehl
1 Würfel Hefe
100 g Zucker
125 ml lauwarme Milch
125 g Butter
1 Ei
1 Eigelb
1 Prise Salz
100 g Rosinen

Butter für die Form
75 g Butter, zerlassen zum Bestreichen
Puderzucker zum Bestreuen

Alle Zutaten Raumtemperatur annehmen lassen. Eine Napfkuchenform einfetten. Das Mehl in eine Schüssel sieben, in die Mitte eine Mulde drücken und die Hefe hineinbröckeln. 1 EL Zucker darüberstreuen und beides mit 4 EL Milch und wenig Mehl vom Rand zu einem Vorteig anrühren. Zugedeckt an einem warmen Ort etwa 15 Minuten gehen lassen.

Die restlichen Zutaten in den Teig einarbeiten und kräftig verkneten, bis dieser glatt und geschmeidig ist und sich vom Schüsselboden löst. Den Teig in die Form füllen und abgedeckt weitere 30 Minuten gehen lassen.

Den Backofen auf 175 °C vorheizen. Den Gugelhupf etwa 60 Minuten backen. Noch heiß mit der Butter bestreichen und mit Puderzucker bestreuen.

Ameisenkuchen
ameisenkuchen

250 g weiche Butter
180 g Zucker
1 Pck. Vanillezucker
4 Eier
250 g Mehl
1 Pck. Backpulver
2 EL Rum
100 ml Eierlikör
100 g Zartbitterschokolade,
fein gehackt

Butter für die Form
Puderzucker zum Bestäuben

Eine Kastenform einfetten und den Backofen auf 180 °C vorheizen.

Die Butter mit Zucker und Vanillezucker schaumig rühren. Die Eier einzeln dazugeben und jedes Ei etwa 30 Sekunden unterrühren. Das Mehl mit Backpulver mischen und über die Eiercreme sieben. Rum und Eierlikör einfließen lassen. Die Schokolade unterheben und alles so lange verrühren, bis eine cremige Masse entstanden ist.

Den Teig in die Form füllen und etwa 45 Minuten im Ofen backen. Vor dem Servieren mit Puderzucker bestäuben.

Zitronenorangenkuchen

zitronen-orangen-kuchen

FÜR DEN TEIG

250 g Margarine
250 g Zucker
4 Eier
250 g Mehl
1 Pck. Backpulver

FÜR DEN GUSS

Abrieb und Saft von 2 Bio-Zitronen
Saft von 6–8 Orangen
160 g Zucker

Butter für die Form

Eine Springform (26 cm Ø) einfetten und den Backofen auf 190 °C vorheizen.

Die Margarine zerlassen. Zucker und Eier schaumig rühren und das Fett untermengen. Das Mehl mit Backpulver mischen und zur Margarinemischung geben. Alles zu einem glatten Teig verarbeiten.

Den Teig in die Form füllen und etwa 40 Minuten im Ofen backen.

Für den Guss Zitronenabrieb und -saft, Orangensaft und Zucker miteinander mischen und so lange verrühren, bis sich der Zucker aufgelöst hat.

Den noch heißen Kuchen mit dem Guss tränken und durchziehen lassen.

Der Kuchen lässt sich gut einfrieren. Wenn spontan Besuch kommt, ist so immer etwas für die Kaffeetafel zu Hause.

Ananaskokoskuchen

ananas-kokos-kuchen

200 g weiche Butter
180 g Zucker
1 Pck. Vanillezucker
4 Eier
375 g Mehl
1 Pck. Backpulver
350 g Ananas aus der Dose, abgetropft
100 g Kokosflocken

Butter für die Form

Eine Kranzform einfetten und den Backofen auf 175 °C vorheizen.

Butter, Zucker, Vanillezucker und Eier schaumig rühren. Mehl und Backpulver mischen, darübersieben und einarbeiten. Die Ananasscheiben klein schneiden und zusammen mit den Kokosflocken vorsichtig unter den Teig heben.

Den Teig in die Form füllen und 50–60 Minuten im Ofen backen.

Rotweinkuchen

rotweinkuchen

200 g weiche Butter
200 g Zucker
3 Eier
100 g Schokoladenraspel
1 TL Zimt
1 TL Kakaopulver
125 ml Rotwein
250 g Mehl
½ TL Backpulver

Butter für die Form

Eine Springform (26 cm Ø) einfetten und den Backofen auf 180 °C vorheizen.

Die Butter mit dem Zucker schaumig schlagen. Die Eier einzeln zugeben und jedes Ei etwa 30 Sekunden unterrühren. Die Schokoladenraspel mit Zimt und Kakaopulver untermischen und den Rotwein einfließen lassen. Gut verrühren. Das Mehl mit Backpulver mischen und nach und nach untermengen.

Den Teig in die Form füllen und etwa 50 Minuten im Ofen backen.

kirschkuchen mit mandelstreuseln

FÜR DEN TEIG

200 g Mehl
2 TL Backpulver
60 g Zucker
1 Pck. Vanillezucker
125 g kalte Butter, in Stückchen geschnitten
1 Ei

FÜR DEN BELAG

Semmelbrösel
350 g entsteinte Schattenmorellen aus dem Glas, abgetropft

FÜR DIE STREUSEL

1 Eigelb
75 g Zucker
1 Pck. Vanillezucker
20 g Speisestärke
3 EL Sahne
100 g Mandelblättchen

Butter für die Form

Für den Teig das Mehl auf die Arbeitsfläche sieben, in die Mitte eine Mulde drücken und die restlichen Zutaten hineingeben. Rasch zu einem glatten Teig verkneten und 30 Minuten kalt stellen.

Eine Springform (26 cm Ø) einfetten und den Backofen auf 180 °C vorheizen.

Den Teig etwas größer als die Backform rund ausrollen, in die Form legen und dabei Rand hochziehen. Den Boden mehrmals mit einer Gabel einstechen und mit Semmelbröseln bestreuen. Die Schattenmorellen aufreißen und auf dem Teig verteilen.

Für die Streusel das Eigelb mit Zucker, Vanillezucker, Speisestärke und Sahne verrühren. Die Mandelblättchen untermischen. Gleichmäßig auf den Schattenmorellen verteilen. Etwa 45 Minuten im Ofen backen.

Obstkuchen

obstkuchen

3 Eier
75 g Zucker
1 Pck. Vanillezucker
1 Prise Salz
75 g Mehl
1 TL Backpulver
frisches Obst, gewaschen,
geputzt und klein geschnitten
1 Pck. Tortenguss

Den Boden einer Springform (26 cm Ø) mit Backpapier auslegen und den Backofen auf 180 °C vorheizen.

Die Eier trennen. Die Eigelbe mit Zucker und Vanillezucker schaumig rühren. Die Eiweiße mit etwas Salz steif schlagen. Das Mehl über die Eigelbmischung sieben, mit dem Backpulver untermengen und den Eischnee unterziehen. In die Form füllen und etwa 30 Minuten im Ofen backen. Auskühlen lassen.

Den Boden dicht mit dem Obst belegen. Den Tortenguss nach Packungsanweisung zubereiten und den Kuchen mit dem Guss überziehen.

eiweiß-obstkuchen

165 g Butter
6 Eiweiß
1 Prise Salz
150 g Puderzucker
1 Pck. Vanillezucker
150 g Mehl
1 TL Backpulver
150 g gemahlene Mandeln
frisches Obst, gewaschen, geputzt und klein geschnitten
1 Pck. Tortenguss

Den Boden einer Springform (26 cm Ø) mit Backpapier auslegen und den Backofen auf 175 °C vorheizen.

Die Butter zerlassen und abkühlen lassen. Die Eiweiße mit etwas Salz steif schlagen. Puder- und Vanillezucker einrieseln lassen. Mehl, Backpulver und gemahlene Mandeln unterheben. Etwa 40–45 Minuten im Ofen backen und im ausgeschalteten Backofen erkalten lassen.

Den Boden dicht mit dem Obst belegen. Den Tortenguss nach Packungsanweisung zubereiten und den Kuchen mit dem Guss überziehen.

Die frühen Jahre

Unterhalb der Cadolzburg schießt ein zweistöckiges Fachwerkhaus mit hellem Sandstein und spitzem, typisch fränkischem Giebeldach besonders hoch auf – es ist eines der ältesten Häuser im Ort. Der sogenannte »Bauhof« wurde einst vom Burgherrn verpachtet und ist seit 1673 im Besitz derselben Familie. So wuchs mit Nanette die neunte Generation dieser alteingesessenen Bauernfamilie heran, mit ihr vergrößerte sich der Hof von 35 Hektar gar auf 60 Hektar. Ihr Großvater hatte zuvor die kleine anliegende Brauerei in den 1920ern geschlossen. Ihre Kindheit beschrieb sie selbst noch zu Lebzeiten als eine glückliche, unbeschwerte, in der sie viel mit den Tieren spielte, besonders gerne mit den kleinen Küken, die sie hüten durfte und die ihr dann im Frühjahr in großer Anzahl aufgeregt fiepend hinterherrannten. Die Pferde mochte sie am liebsten und mit ihrer ruhigen, aber bestimmten Art fiel es ihr leicht, die Tiere auf dem Hof zu zügeln ... sogar einmal den brünstigen Zuchtbullen, der in wilder Erregung ausgebüchst war und im Hof herumlief. »Fiselier, gehst du nei!«, hat die kleine Nanette schließlich mutig geschrien, und da marschierte das Tier tatsächlich wie gezähmt zurück in den Stall.

Dann kam der Krieg, die Sorglosigkeit fiel ab und wich einer stechenden Angst, die sich mit häufigem Fliegeralarm tief in Nanettes Inneres eingrub. Von dieser Zeit erzählte sie später nicht gerne. In dem großen Keller, in dem ein paar Jahrzehnte zuvor in den großen Braukesseln noch der Sud für heitere Stunden angesetzt wurde, drängte sich nun die ganze Nachbarschaft aneinander. Bis zu hundert Menschen harrten hier aus. Eines Tages schließlich schlug eine Granate durch das Dach in den Kuhstall ein, eine weitere fiel durch das Fenster und zertrümmerte die Giebelmauer, Panzer rollten auf den Hof. Die Gastwirtschaft war zerstört, das Haus brannte und in Eimerketten wurde gelöscht: »Des kammer sich ned vorstelln, wie des ausgschaut hat«, sagte Nanette einmal. »Furchtbar, furchtbar, is des a heid nu fier mich.« Und nichts war mehr wie früher. Auch die Burg war am Ende des Zweiten Weltkriegs in Flammen aufgegangen und blieb jahrzehntelang in Trümmern liegen.

weißweinkuchen

FÜR DEN TEIG

6 Eier
110 g weiche Butter
330 g Zucker
220 g Mehl
½ Pck. Backpulver
Saft von 1 Zitrone
375 ml Weißwein

FÜR DEN GUSS

250 g Puderzucker
Saft von ½ Zitrone
2 Tropfen Rumaroma

Butter für die Form

Eine Springform (26 cm Ø) einfetten und den Backofen auf 190 °C vorheizen.

Für den Teig die Eier trennen. Die Eigelbe mit Butter und Zucker schaumig rühren. Mehl und Backpulver darübersieben und untermengen. Die Eiweiße mit Zitronensaft steif schlagen. Den Eischnee unterheben. Den Teig in die Form füllen und etwa 45 Minuten im Ofen backen.

Den noch heißen Kuchen mit dem Weißwein übergießen. Abkühlen lassen.

Für den Guss den Puderzucker mit etwas Wasser, Zitronensaft und Aroma vermischen. Den Kuchen damit bestreichen.

Eierlikörkuchen

eierlikörkuchen für die napfkuchenform

250 g Margarine
180 g Zucker
1 Pck. Vanillezucker
4 Eier
300 g Mehl
1 Pck. Backpulver
125 ml Eierlikör
75 g Schokoladenraspel

Butter für die Form

Eine Napfkuchenform einfetten und den Backofen auf 180 °C vorheizen.

Die Margarine mit Zucker und Vanillezucker schaumig schlagen. Die Eier einzeln dazugeben und jedes Ei etwa 30 Sekunden unterrühren. Das Mehl mit Backpulver mischen und über die Eiercreme sieben. Den Eierlikör einfließen lassen. Die Schokoladenraspel unterheben und alles so lange vermengen, bis eine cremige Masse entstanden ist.

Den Teig in die Form füllen und etwa 60 Minuten im Ofen backen.

Ottilienkuchen

ottilienkuchen

75 g Zartbitterschokolade
250 g weiche Butter
200 g Zucker
1 Pck. Vanillezucker
4 Eier
200 g Mehl
50 g Speisestärke
1 TL Backpulver
100 g gemahlene Mandeln
50 g Zitronat

Den Boden einer Springform (26 cm Ø) mit Backpapier auslegen und den Backofen auf 180 °C vorheizen.

Die Zartbitterschokolade in einem Topf im Wasserbad schmelzen. Abkühlen lassen.

Die Butter mit Zucker, Vanillezucker und Eiern schaumig rühren. Mehl, Speisestärke und Backpulver mischen und nach und nach zugeben. Mandeln und Zitronat unterheben und die Schokolade einfließen lassen. Alles gut vermengen.

Den Teig in die Form füllen und 45 Minuten im Ofen backen.

Gewürzkuchen
gewürzkuchen

75 g gemahlene Haselnusskerne
3 EL Kakaopulver
1 TL Zimt
1 Msp. gemahlene Nelken
250 g weiche Butter
200 g Zucker
4 Eier
450 g Mehl
1 Pck. Backpulver
1 ½ EL Rum
Milch nach Bedarf

Butter für die Form
Puderzucker zum Bestäuben

Eine Napfkuchenform einfetten und den Backofen auf 175 °C vorheizen.

Die Haselnusskerne mit Kakaopulver, Zimt und Nelken mischen.

Butter, Zucker und Eier schaumig rühren. Mehl und Backpulver darübersieben und einarbeiten. Die Kakao-Nuss-Mischung mit dem Rum zugeben und untermengen. So viel Milch unterrühren, bis der Teig schwer reißend vom Löffel fällt.

Den Teig in die Form füllen und 60–70 Minuten im Ofen backen. Vor dem Servieren mit Puderzucker bestäuben.

johannisbeerkuchen

FÜR DEN TEIG

250 g Mehl
½ TL Backpulver
125 g Butter
70 g Zucker
1 Ei

FÜR DEN BELAG

4 Eier
1 Prise Salz
200 g Zucker
125 g gemahlene Mandeln
500 g Johannisbeeren, abgezupft

Butter für die Form

Für den Teig das Mehl auf die Arbeitsfläche sieben, in die Mitte eine Mulde drücken und die restlichen Zutaten hineingeben. Rasch zu einem glatten Teig verkneten und 30 Minuten kalt stellen.

Eine Springform (26 cm Ø) einfetten und den Backofen auf 170 °C vorheizen.

Den Teig etwas größer als die Backform rund ausrollen, in die Form legen und dabei einen Rand hochziehen. Den Boden mehrmals mit einer Gabel einstechen.

Für den Belag die Eier trennen. Die Eiweiße mit etwas Salz steif schlagen, die Eigelbe mit dem Zucker schaumig rühren. Die Mandeln unter die Eigelbmasse mischen und den Eischnee unterziehen. Vorsichtig die Johannisbeeren unterheben. Den Belag gleichmäßig auf dem Boden verstreichen.

Etwa 30 Minuten im Ofen backen, dann Backpapier auflegen und in weiteren 15 Minuten fertig backen.

käsekuchen mit mürbeteigboden

FÜR DEN TEIG

250 g Mehl
1 Msp. Backpulver
120 g kalte Butter,
in Stückchen geschnitten
60 g Zucker
1 Ei
1 Prise Salz
1 EL Milch

FÜR DIE CREME

500 g Magerquark, abgetropft
200 g Zucker
1 Pck. Vanillezucker
1 Ei
1 Pck. Vanillepuddingpulver
500 ml Milch

Butter für die Form

Für den Teig das Mehl auf die Arbeitsfläche sieben, in die Mitte eine Mulde drücken und die restlichen Zutaten hineingeben. Rasch zu einem glatten Teig verkneten und 30 Minuten kalt stellen.

Eine Springform (26 cm Ø) einfetten und den Backofen auf 180 °C vorheizen.

Für die Creme Quark, Zucker, Vanillezucker und Ei schaumig rühren. Vanillepuddingpulver und Milch untermischen und so lange schlagen, bis die Creme glatt ist.

Den Teig etwas größer als die Backform rund ausrollen, in die Form legen und dabei einen Rand hochziehen. Den Boden mehrmals mit einer Gabel einstechen. Die Creme gleichmäßig auf dem Boden verstreichen. Abschließend 40–50 Minuten im Ofen backen.

käsekuchen mit pflaumen

FÜR DEN TEIG

225 g Mehl
2 TL Backpulver
90 g Margarine
90 g Zucker
1 Ei
1 Prise Salz

Butter und Semmelbrösel für die Form

FÜR DEN BELAG

4 Eier
125 g Margarine
125 g Zucker
1 Pck. Vanillezucker
750 g Magerquark, abgetropft
Saft von ½ Zitrone
1 Prise Salz
500 g Pflaumen, gewaschen, halbiert und entsteint

Eine Springform (28 cm Ø) einfetten und mit Semmelbröseln ausstreuen. Den Backofen auf 175 °C vorheizen.

Für den Teig das Mehl auf die Arbeitsfläche sieben, in die Mitte eine Mulde drücken und die restlichen Zutaten hineingeben. Rasch zu einem glatten Teig verkneten und 30 Minuten kalt stellen.

Für den Belag die Eier trennen. Die Eigelbe mit Margarine, Zucker und Vanillezucker sehr schaumig rühren. Quark und Zitronensaft hinzufügen und weiterrühren. Die Eiweiße mit etwas Salz steif schlagen und unter die Quarkmasse heben.

Den Teig etwas größer als die Backform rund ausrollen, in die Form legen und dabei einen Rand hochziehen. Den Boden mehrmals mit einer Gabel einstechen. Die Pflaumen auf dem Teig verteilen und die Quarkmasse gleichmäßig darüberstreichen. Etwa 60–70 Minuten im Ofen backen.

Kann auch mit Aprikosen, Kirschen oder Himbeeren gebacken werden, schmeckt aber ebenso ohne Früchte sehr gut!

Rhabarberkuchen mit Guss

rhabarberkuchen mit guss

FÜR DEN TEIG

250 g Mehl
½ Pck. Backpulver
125 g kalte Butter,
in Stückchen geschnitten
100 g Zucker
2 Eigelb

FÜR DEN BELAG

1 kg Rhabarber, geputzt und
in 1 cm große Stücke geschnitten

FÜR DEN GUSS

2 Eiweiß
2 EL Zucker
2 EL Mehl
3 EL Milch

Butter für die Form

Für den Teig das Mehl auf die Arbeitsfläche sieben, in die Mitte eine Mulde drücken und die restlichen Zutaten hineingeben. Rasch zu einem glatten Teig verkneten und 30 Minuten kalt stellen.

Eine Springform (26 cm Ø) einfetten und den Backofen auf 190 °C vorheizen.

Für den Belag den Rhabarber mit heißem Wasser überbrühen, 10 Minuten stehen lassen und anschließend gut abtropfen.

Den Teig etwas größer als die Backform rund ausrollen, in die Form legen und dabei einen Rand hochziehen. Den Boden mehrmals mit einer Gabel einstechen und den Rhabarber darauf verteilen.

Für den Guss die Eiweiße schaumig schlagen, dabei den Zucker langsam einrieseln lassen. Mehl und Milch unterheben. Gleichmäßig auf dem Rhabarber verteilen. Sofort etwa 50 Minuten im Ofen backen.

apfelkuchen mit rahmguss

FÜR DEN TEIG

250 g Mehl
1 TL Backpulver
125 g kalte Butter, in Stückchen geschnitten
70 g Zucker
1 Ei

FÜR DEN BELAG

750 g Äpfel, geschält, geviertelt und Kerngehäuse entfernt
Saft von 1 Bio-Zitrone

FÜR DEN GUSS

200 g Crème fraîche
2 Eier
75 g Zucker
Abrieb von 1 Bio-Zitrone
3 EL Mandelstifte
1 EL Speisestärke

Butter und Semmelbrösel für die Form

Für den Teig das Mehl auf die Arbeitsfläche sieben, in die Mitte eine Mulde drücken und die restlichen Zutaten hineingeben. Rasch zu einem glatten Teig verkneten und 30 Minuten kalt stellen.

Eine Springform (26 cm Ø) einfetten und mit Semmelbröseln ausstreuen. Den Backofen auf 160 °C vorheizen.

Den Teig etwas größer als die Backform rund ausrollen, in die Form legen und dabei einen Rand hochziehen. Den Boden mehrmals mit einer Gabel einstechen. Die Äpfel mit Zitronensaft mischen und gleichmäßig auf dem Boden verteilen.

Für den Guss Crème fraîche mit Eiern, Zucker und Zitronenabrieb schaumig rühren. Mandelstifte und Speisestärke zugeben und untermischen. Über die Äpfel gießen. Etwa 60 Minuten im Ofen backen.

gedeckter apfelkuchen

FÜR DEN TEIG

300 g Mehl
2 TL Backpulver
150 g kalte Butter,
in Stückchen geschnitten
100 g Zucker
1 Pck. Vanillezucker
1 Ei
1 Prise Salz

FÜR DIE FÜLLUNG

1 kg Äpfel, geschält,
Kerngehäuse entfernt
und fein geschnitten
2 EL Zucker
1 Pck. Vanillezucker
1 TL Zimt
Saft von ½ Zitrone

Butter für die Form
Puderzucker zum Bestäuben

Für den Teig das Mehl auf die Arbeitsfläche sieben, in die Mitte eine Mulde drücken und die restlichen Zutaten hineingeben. Rasch zu einem glatten Teig verkneten und 30 Minuten kalt stellen.

Eine Springform (26 cm Ø) einfetten und den Backofen auf 175 °C vorheizen.

Etwa zwei Drittel des Teiges etwas größer als die Backform rund ausrollen, in die Form legen und dabei einen Rand hochziehen. Den Boden mehrmals mit einer Gabel einstechen.

Für die Füllung die Äpfel mit Zucker, Vanillezucker, Zimt und Zitronensaft mischen und auf dem Boden verteilen. Den restlichen Teig in Größe der Form dünn ausrollen und auf die Füllung legen. Etwa 60 Minuten im Ofen backen.

Vor dem Servieren mit Puderzucker bestäuben.

Es können statt Äpfel auch (Sauer-)Kirschen oder Zwetschgen verwendet werden.

Nach dem Krieg

... war der Hof verwüstet. Es hatte zehn Einschläge gegeben, es hatte gebrannt und der Vater war ein halbes Jahr von den Amerikanern fortgenommen und im oberbayerischen Moosburg interniert worden. Die Mutter und Nanette, gerade einmal volljährig, hatten sich mit jungen Frauen vom Hof im Zwischenboden versteckt, um sich vor den amerikanischen Soldaten und möglichen Übergriffen zu schützen. Aus Angst malte sich Nanette sogar das Gesicht mit Ruß schwarz an und warf sich nur noch alte, dreckige Kleider über. Sie kümmerte sich zusammen mit den unterschiedlichsten Helfern um die verbliebenen Tiere und die Felder und so konnte die Familie ihren Lebensunterhalt ganz gut bestreiten. Da zu Zeiten der Lebensmittelrationierung das Schlachten genehmigungsplichtig war, tat man dies nachts und verbarg das frische Fleisch im Brunnen, in der Hoffnung, es blieb unbemerkt und man musste nichts abgeben.

Und damit nicht genug: In der Küche war das Buffet umgefallen gewesen und das ganze Wirtsgeschirr kaputtgegangen, weswegen man sich nun mit Blechtellern sowie -tassen aushelfen und obendrein das private, gute Sonntagsgeschirr auftischen musste.

So waren zeitweise bis zu 15 Fremde auf dem Bauernhof, zehn davon übernachteten in der Wohnung über der Gaststätte, fünf in dem kleinen Nebenhaus. Darunter auch die kleine Gudrun mit Mutter und Bruder Sigi, die als Nanettes Ziehschwester zehn Jahre bleiben sollte. Gudruns Augen strahlen, als sie davon erzählt, denn hier habe sie ihre schönste Zeit verlebt, die sie sehr geprägt hat – trotz der vielen Arbeit. Dann lächelt sie: »*Kaffee*pause? Das war bloß kalter Muckefuck, mehr gab's nicht. Aber die Arbeiter wurden immer ordentlich versorgt. Man hat Pfefferminztee im Bach gekühlt, das war dann die Erfrischung bei der Feldarbeit, und Brot gab es auch immer. Ich hatte sogar mein eigenes Zimmer.«

Vom ersten Geld, das nach der Währungsreform wieder etwas wert war, kaufte man sich schließlich Dachziegel. »Da hatten alle zusammengelegt, die Urgroßmutter, die Großeltern und Mama Nanette«, meint Fritz, ihr Sohn. »Dann wurden erst einmal die Dächer repariert, damit es endlich nicht mehr in die Schlafstuben regnete.«

Weinapfelkuchen

wein-apfel-kuchen

FÜR DEN TEIG

250 g Mehl
½ Pck. Backpulver
125 g kalte Butter,
 in Stückchen geschnitten
125 g Zucker
1 Pck. Vanillezucker
1 Ei

FÜR DIE CREME

750 ml Weißwein
250 g Zucker
2 Pck. Vanillepuddingpulver
1,25 kg Äpfel, geschält,
 Kerngehäuse entfernt
 und klein geschnitten

Butter für die Form

ZUM SERVIEREN

400 g Sahne
Kakaopulver zum Bestäuben

Für den Teig das Mehl auf die Arbeitsfläche sieben, in die Mitte eine Mulde drücken und die restlichen Zutaten hineingeben. Rasch zu einem glatten Teig verkneten und 30 Minuten kalt stellen.

Eine Springform (26 cm Ø) einfetten und den Backofen auf 175 °C vorheizen.

Für die Creme den Wein kurz aufkochen, Zucker und Vanillepuddingpulver einrühren. Die Apfelscheiben unterheben.

Den Teig etwas größer als die Backform rund ausrollen, in die Form legen und dabei einen Rand hochziehen. Den Boden mehrmals mit einer Gabel einstechen. Die Apfelcreme gleichmäßig auf dem Boden verstreichen. Etwa 90 Minuten im Ofen backen. Abkühlen lassen, am besten über Nacht.

Die Sahne steif schlagen und den Kuchen damit bestreichen. Vor dem Servieren mit Kakaopulver bestäuben.

Schokorotweinkuchen
schoko-rotwein-kuchen

200 g Margarine
200 g Zucker
1 Pck. Vanillezucker
100 g Zartbitterschokolade
4 Eier
1 Prise Salz
250 g Mehl
¾ Pck. Backpulver
125 ml Rotwein
1 TL Kakaopulver
1 TL Zimt

Butter für die Form

Margarine, Zucker, Vanillezucker und Zartbitterschokolade in einem Topf im Wasserbad schmelzen. Abkühlen lassen.

Die Eier trennen. Die Eigelbe unter die Schokoladenmasse rühren.

Eine Kastenform einfetten und den Backofen auf 180 °C vorheizen.

Die Eiweiße mit etwas Salz steif schlagen und beiseitestellen. Das Mehl mit Backpulver mischen und über die Schokoladenmasse sieben. Den Rotwein einfließen lassen. Kakaopulver und Zimt unter den Teig heben und abschließend den Eischnee unterziehen.

Den Teig in die Form füllen und etwa 45–60 Minuten im Ofen backen.

Wenn Kinder mitessen, den Rotwein einfach durch Traubensaft ersetzen.

Gudrun, du
brauchst mir kein
Geschenk geben,
aber bitte back mir
doch einen Kuchen!

vom blech

Für Hochzeiten, Konfirmationen und andere Feste musste immer viel gebacken werden, schließlich war es Brauch, Kuchenpakete an alle Bekannten, Verwandten und Gratulanten auszuteilen. Zum Backen kamen Frauen aus der Nachbarschaft zum Helfen ins Haus, der Ofen ging tagelang nicht aus und es wurden große Bleche mit den Lieblingskuchen aufgetragen. Auch an Nanettes Geburtstagen gab es immer mehr Kuchen als zu essen möglich war. So traten auch ihre Gäste den Heimweg nicht selten mit randvoll gefüllten Papiertaschen voll süßer Köstlichkeiten an.

schneller Zitronenkuchen

schneller zitronenkuchen

FÜR DEN TEIG

350 g weiche Butter
350 g Zucker
1 Pck. Vanillezucker
6 Eier
350 g Mehl
1 Pck. Backpulver
Abrieb und Saft von 1 Bio-Zitrone

ZUM SERVIEREN

100 g Puderzucker
2 Tropfen Zitronenaroma

Ein Blech mit Backpapier auslegen und den Backofen auf 170 °C vorheizen.

Butter, Zucker und Vanillezucker schaumig schlagen. Die Eier einzeln zugeben und jedes Ei etwa 30 Sekunden unterrühren. Mehl und Backpulver mischen und darübersieben. Zuletzt Zitronenabrieb und -saft untermengen und alles zu einem glatten Teig verarbeiten.

Den Teig auf das Blech streichen. Etwa 30 Minuten im Ofen backen. Abkühlen lassen.

Den Puderzucker mit Zitronenaroma und etwas Wasser glatt rühren. Den Kuchen damit bestreichen.

zwetschgenplootz

FÜR DEN TEIG

350 g Mehl
3/4 Würfel Hefe
50 g Zucker
125 ml lauwarme Milch
60 g Butter
1 Ei
1 Prise Salz
Abrieb 1 Bio-Zitrone

FÜR DEN BELAG

2 kg Zwetschgen
eine Handvoll Semmelbrösel
in reichlich Butter goldbraun gebraten

Butter fürs Blech

Mehl in eine Schüssel geben. Die Milch leicht erwärmen, die Hefe darin auflösen und in die Mitte des Mehls geben, mit etwas Mehl vermengen und 15 Minuten abgedeckt ruhen lassen.

Langsam Zucker, Ei, Butter und Salz einarbeiten, kneten bis sich ein glatter Teig ergibt. Zudecken und eine halbe Stunde gehen lassen.

In der Zwischenzeit die Zwetschgen einschneiden und auffalten, den Kern entfernen. Den gegangenen Teig aufs gefettete Blech geben und ausziehen, mit den Butterbröseln bestreuen und die Zwetschgen darauf anordnen. Noch einmal eine halbe Stunde gehen lassen.

Den Ofen auf 150°C vorheizen.

Den Kuchen in den Ofen geben und die Temperatur auf 180°C erhöhen und 40 Minuten backen.

Am allerbesten mit kühler Schlagsahne genießen.

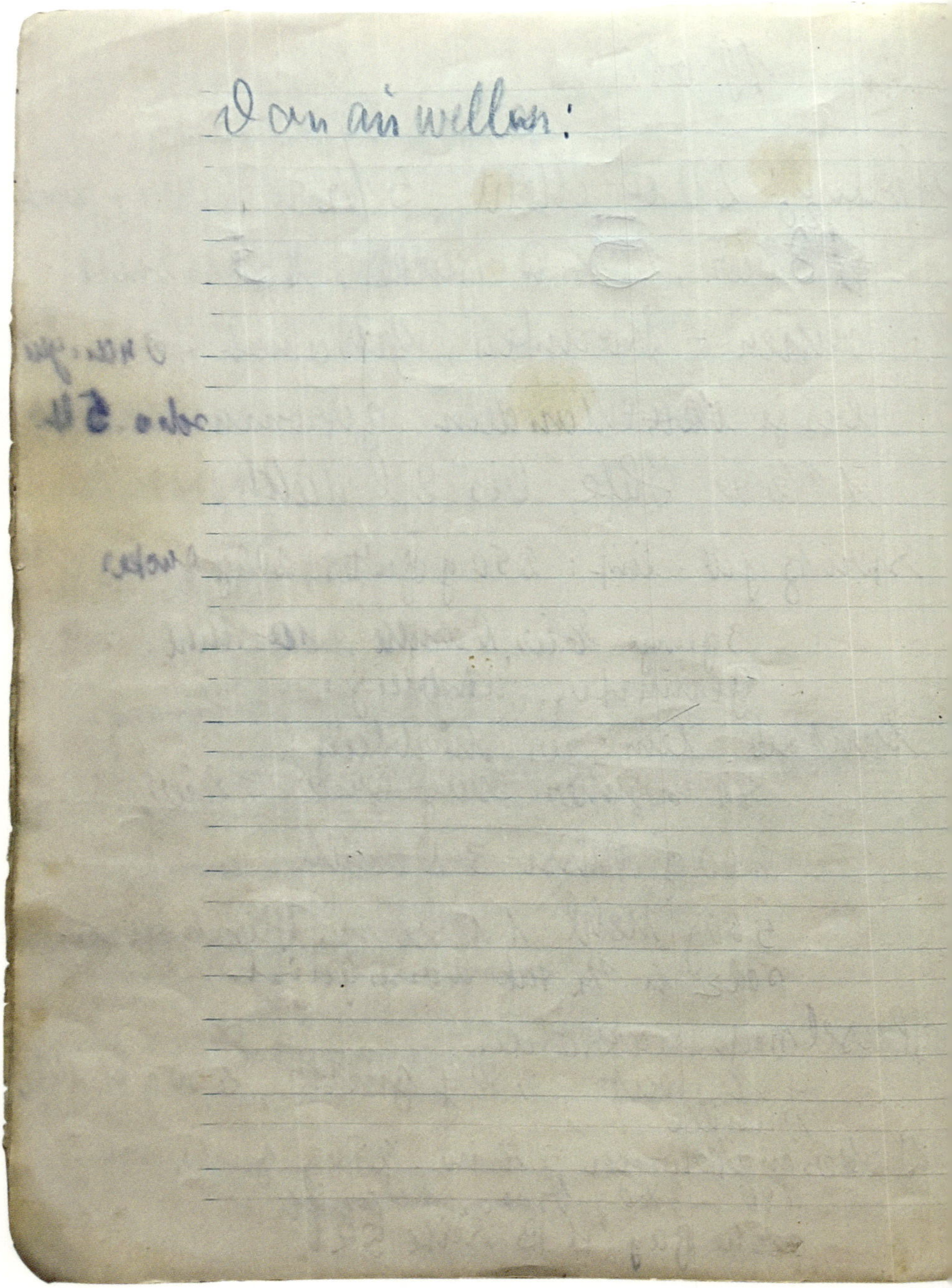
Dann einwellen:

onigkuchen auf dem Blech:

375 g Honig
125 g Zucker
1 Vanille
100 g Marg.
100 g Schmalz
} erwärmen zerlassen abkühlen dazugeben

2 Eier

3 gestr. Teel. Zimt
1/2 " " Nelken
1/2 " " Cardamom
1 Fläschchen Rum Aroma
1 Apfelsinen Schale abwechselnd mit

1 ℔ Mehl 1 P Backp. unterrühren
30 g = 3 Eßl. Kakao
1/8 l Milch
100 g Nüsse grob am Schluß
100 g Zitronat
150 g Korinten unterheben

1 cm dick auf gefettetes Blech streichen
10 Min. Vorheizen 195° 25-30 Min backen

Mit Schokoguß bestreichen in kleine 4 Ecke schneiden

Schokoguß 150 g Puderz. 3 gestr. Teel. Kakao
2 Eßl. heißes Wasser 20
20 g Kokosfett oder Butter zerlassen
oder 200 g Kuvertüre

Nusskokosschnitten

nuss-kokos-schnitten

FÜR DEN TEIG

300 g Mehl
1 TL Backpulver
125 g kalte Butter,
in Stückchen geschnitten
125 g Zucker
2 Pck. Vanillezucker
2 Eier (Größe S)

FÜR DEN BELAG

200 g Butter
200 g Zucker
2 Pck. Vanillezucker
200 g gemahlene Haselnusskerne
200 g Kokosraspel
4 EL Aprikosenkonfitüre

50 g Zartbitterschokolade
zum Garnieren

Für den Teig das Mehl auf die Arbeitsfläche sieben, in die Mitte eine Mulde drücken und die restlichen Zutaten hineingeben. Rasch zu einem glatten Teig verkneten und 30 Minuten kalt stellen.

Ein Blech mit Backpapier auslegen und den Backofen auf 180 °C vorheizen.

Für den Belag Butter, Zucker, Vanillezucker und 125 ml Wasser aufkochen. Haselnusskerne und Kokosraspeln einrühren. Beiseitestellen.

Den Teig auf das Blech geben, ausrollen, mehrmals mit einer Gabel einstechen und mit der Konfitüre bestreichen. Die Nuss-Kokos-Masse gleichmäßig darauf verteilen. Etwa 30 Minuten im Ofen backen.

Die Schokolade in einem Topf im Wasserbad schmelzen. Den Kuchen damit garnieren.

Buttermilchkuchen
buttermilchkuchen

FÜR DEN TEIG

300 ml Buttermilch
2 Eier
Mark von 1 Vanilleschote
250 g Zucker
400 g Mehl
2 Pck. Backpulver

ZUM SERVIEREN

200 g Kokosraspel
100 g Zucker
1 Pck. Vanillezucker

Ein Blech mit Backpapier auslegen und den Backofen auf 175 °C vorheizen.

Alle Zutaten kurz zu einem flüssigen Teig verrühren und auf das Blech streichen. Etwa 30–35 Minuten im Ofen backen.

Kokosraspeln, Zucker und Vanillezucker mischen und den noch heißen Kuchen damit bestreuen.

Haselnusskuchen mit Quark

haselnusskuchen mit quark

6 Eier
150 g weiche Butter
150 g Zucker
1 Pck. Vanillezucker
150 g Magerquark, abgetropft
1 Prise Salz
Abrieb von ½ Bio-Zitrone
300 g gemahlene Haselnusskerne

125 g Erdbeerkonfitüre
75 g Schokoladenraspel
zum Garnieren

Ein Blech mit Backpapier auslegen und den Backofen auf 180 °C vorheizen.

Die Eier trennen. Die Eigelbe mit Butter, 100 g Zucker, Vanillezucker und Quark schaumig rühren. Die Eiweiße mit etwas Salz und Zitronenabrieb steif schlagen und mit dem restlichen Zucker fest aufschlagen. Haselnusskerne und Eischnee portionsweise unter die Eigelbmasse ziehen. Auf das Blech streichen und etwa 30 Minuten im Ofen backen.

Die Konfitüre mit 4 EL Wasser unter ständigem Rühren aufkochen. Den noch warmen Kuchen damit bestreichen. Abkühlen lassen und mit Schokoladenraspel garnieren.

Orangenschnitten

FÜR DEN TEIG

6 Eier
150 g Zucker
150 g Mehl
¾ Pck. Backpulver
1 Prise Salz

FÜR DIE CREME

1 l Orangensaft
9 EL Zucker
3 Pck. Vanillepuddingpulver
600 g Sahne
500 g Quark

FÜR DIE GLASUR

200 g Zartbitterschokolade
50 g Sahne

Ein Blech mit Backpapier auslegen und den Backofen auf 180 °C vorheizen.

Die Eier trennen. Die Eigelbe mit dem Zucker schaumig rühren. Mehl und Backpulver mischen, darübersieben und untermengen. Die Eiweiße mit etwas Salz steif schlagen und unter den Teig ziehen. Gleichmäßig auf das Blech streichen und 12–15 Minuten im Ofen backen. Abkühlen lassen.

Für die Creme den Orangensaft mit dem Zucker aufkochen. Das Vanillepuddingpulver einrühren und nochmals kurz aufkochen. Vom Herd ziehen und so lange rühren, bis der Pudding kalt ist. Einen Backrahmen um den Kuchen setzen und die Creme darauf streichen.

Die Sahne steif schlagen und unter den Quark ziehen. Gleichmäßig auf dem Kuchen verteilen.

Für die Glasur die Zartbitterschokolade schmelzen und die Sahne einrühren. Auf die Orangenschnitten streichen und sofort schneiden.

donauwellen

250 g weiche Butter
250 g Zucker
1 Pck. Vanillezucker
6 Eier
500 g Mehl
1 Pck. Backpulver
2 EL Kakaopulver
700 g entsteinte Schattenmorellen aus dem Glas, abgetropft und Saft aufgefangen
2 Pck. Tortenguss

FÜR DIE CREME

500 ml Milch
100 g Zucker
1 Pck. Vanillezucker
1 Pck. Vanillepuddingpulver
200 g weiche Butter

FÜR DIE GLASUR

200 g Zartbitterschokolade

Butter fürs Blech

Ein Blech einfetten, den Backofen auf 180 °C vorheizen.

Die Butter mit Zucker, Vanillezucker und Eiern schaumig rühren. Mehl und Backpulver mischen und darübersieben. Gut vermengen.

Die Hälfte des Teiges auf das Blech streichen, die andere Hälfte mit Kakaopulver mischen und darüberstreichen. Die Schattenmorellen gleichmäßig auf dem Teig verteilen. Etwa 30 Minuten im Ofen backen.

Den Tortenguss mit dem Kirschsaft aufkochen, auf den Kuchen streichen und abkühlen lassen.

Für die Creme die Milch mit 5 EL Zucker und Vanillezucker aufkochen. Das Vanillepuddingpulver einrühren und nochmals kurz aufkochen. Vom Herd nehmen und rühren, bis der Pudding kalt ist. Butter und restlichen Zucker schaumig schlagen und den Pudding unterziehen. Auf dem Kuchen verstreichen und fest werden lassen.

Für die Glasur die Zartbitterschokolade schmelzen, auf die Donauwellen streichen und sofort schneiden.

streuselkuchen mit hefe

FÜR DEN TEIG

500 g Mehl
1 Würfel Hefe
85 g Zucker
175 ml lauwarme Milch
100 g weiche Butter
1 Pck. Vanillezucker
1 Ei
½ TL Salz
Aprikosenkonfitüre

FÜR DIE STREUSEL

100 g weiche Butter
100 g Zucker
150 g Mehl

Butter fürs Blech

Alle Zutaten Raumtemperatur annehmen lassen. Für den Teig das Mehl in eine Schüssel sieben, in die Mitte eine Mulde drücken und die Hefe hineinbröckeln. 1 EL Zucker darüberstreuen und beides mit 4 EL Milch und wenig Mehl vom Rand zu einem Vorteig anrühren. Abgedeckt an einem warmen Ort etwa 15 Minuten gehen lassen.

Die restlichen Zutaten in den Teig einarbeiten und kräftig verkneten, bis dieser glatt und geschmeidig ist und sich vom Schüsselboden löst.

Für die Streusel Butter, Zucker und Mehl mischen und zwischen den Händen krümelig reiben.

Ein Blech einfetten und den Backofen auf 190 °C vorheizen.

Den Teig auf das Blech geben, ausrollen und mit Konfitüre bestreichen. Gleichmäßig mit Streuseln bedecken und 25 Minuten im Ofen backen.

Je nach Geschmack zwischen Teig und Streusel frisches Obst legen.

schoko-streusel-kuchen mit aprikosen

FÜR DEN TEIG

450 g Mehl
1 Pck. Backpulver
175 g Zucker
1 Pck. Vanillezucker
250 g kalte Butter, in Stückchen geschnitten
30 g Kakaopulver
3 Eier
ca. 75 ml Milch

FÜR DEN BELAG

500 g Aprikosen aus der Dose, abgetropft und in Scheiben geschnitten

FÜR DIE STREUSEL

100 g weiche Butter
100 g Zucker
150 g Mehl
1 EL Kakaopulver

Butter fürs Blech

Für den Teig das Mehl auf die Arbeitsfläche sieben, in die Mitte eine Mulde drücken und die restlichen Zutaten hineingeben. Dabei nur so viel Milch unterkneten, dass ein glatter Teig entsteht. 30 Minuten kalt stellen.

Für die Streusel Butter, Zucker und Mehl zwischen den Händen krümelig reiben. Die Hälfte davon mit Kakaopulver mischen.

Ein Blech einfetten, den Backofen auf 190 °C vorheizen.

Den Teig auf das Blech geben, ausrollen, mehrmals mit einer Gabel einstechen und mit den Aprikosen belegen. Abwechselnd mit den hellen und dunklen Streuseln bedecken und etwa 30 Minuten im Ofen backen.

Zwetschgenkuchen

zwetschgenkuchen

FÜR DEN TEIG

325 g Mehl
1 TL Backpulver
165 g kalte Butter,
in Stückchen geschnitten
175 g Zucker
2 Eier
1 Prise Salz

FÜR DEN BELAG

750 g Zwetschgen,
gewaschen, geviertelt
und entsteint

FÜR DIE STREUSEL

100 g weiche Butter
100 g Zucker
150 g Mehl

Butter fürs Blech

Für den Teig das Mehl auf die Arbeitsfläche sieben, in die Mitte eine Mulde drücken und die restlichen Zutaten hineingeben. Rasch zu einem glatten Teig verkneten und 30 Minuten kalt stellen.

Für die Streusel Butter, Zucker und Mehl mischen und zwischen den Händen krümelig reiben.

Ein Blech einfetten und den Backofen auf 190 °C vorheizen.

Den Teig auf das Blech geben, ausrollen und mit den Zwetschgen belegen. Gleichmäßig mit Streuseln bedecken und den Kuchen etwa 30 Minuten im Ofen backen.

pfirsichkuchen mit guss

FÜR DEN TEIG

250 g Mehl
1 TL Backpulver
150 g kalte Butter,
in Stückchen geschnitten
65 g Zucker
1 Ei
1 Prise Salz

FÜR DEN BELAG

2 EL Semmelbrösel
500 g Pfirsiche aus der Dose,
abgetropft und in
Scheiben geschnitten

FÜR DEN GUSS

3 Eier
250 g saure Sahne
60 g Zucker

Butter fürs Blech

Für den Teig das Mehl auf die Arbeitsfläche sieben, in die Mitte eine Mulde drücken und die restlichen Zutaten hineingeben. Rasch zu einem glatten Teig verkneten und 30 Minuten kalt stellen.

Ein Blech einfetten und den Backofen auf 190 °C vorheizen.

Für den Guss die Eier mit saurer Sahne und Zucker verrühren.

Den Teig auf das Blech geben, ausrollen, mehrmals mit einer Gabel einstechen und mit Semmelbröseln bestreuen. Mit den Pfirsichen belegen und dem Guss übergießen. Etwa 30 Minuten im Ofen backen.

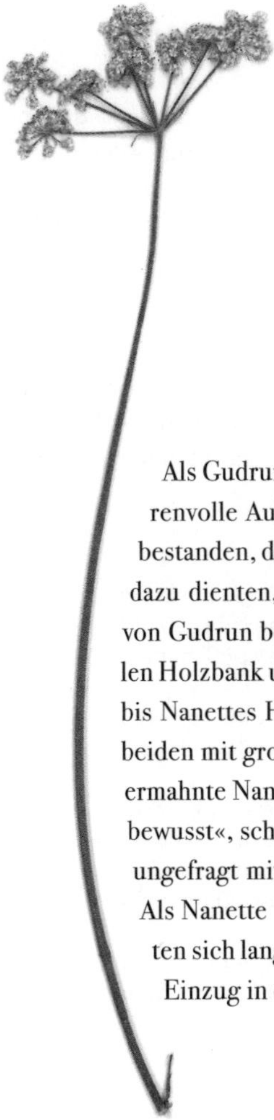

Hochzeit

Als Gudrun gerade einmal acht Jahre alt war, kam ihr eine wirklich ehrenvolle Aufgabe zu: Die Eltern ihrer neuen Schwester hatten darauf bestanden, dass sie bei Nanettes sonntäglichen Spaziergängen, die stets dazu dienten, sich heimlich mit ihrem geliebten Hans Herz zu treffen, von Gudrun begleitet wurde. Sie saßen dann also zu dritt auf der schmalen Holzbank und lachten gemeinsam über kleine, herantastende Scherze, bis Nanettes Hand schließlich in der von Hans lag. Gudrun schaute die beiden mit großen Augen an. »Des darfst du aber derhamm ned soong!«, ermahnte Nanette sie. »Ich war mir der Bedeutung ihrer Worte gar nicht bewusst«, schmunzelt Gudrun heute. Kaum zu Hause beteuerte Gudrun ungefragt mit Unschuldsmiene »Der Herz'n Hans war fei ned dabei!« Als Nanette 1948 endlich ihren Hans heiraten durfte – ihre Eltern hatten sich lange gegen den Schwiegersohn gesträubt –, lief Gudrun beim Einzug in die Kirche stolz als Blumenmädchen voraus.

rhabarberkuchen mit baiserhaube

FÜR DEN TEIG

500 g Mehl
½ Pck. Backpulver
250 g kalte Butter,
in Stückchen geschnitten
150 g Zucker
1 Prise Salz
1 EL Milch

FÜR DEN BELAG

200 g Zucker
6 Eigelb
80 g feine Kokosraspel
2 kg Rhabarber, geputzt und
in 1 cm große Stücke
geschnitten

FÜR DIE BAISERHAUBE

6 Eiweiß
180 g Zucker
50 g Mandelblättchen

Backrahmen

Für den Teig das Mehl auf die Arbeitsfläche sieben, in die Mitte eine Mulde drücken und die restlichen Zutaten hineingeben. Rasch zu einem glatten Teig verkneten und 30 Minuten kalt stellen.

Ein Blech mit Backpapier auslegen und den Backofen auf 180 °C vorheizen. Den Teig in der Größe des Blechs ausrollen, auf das Blech legen, den Boden mehrmals mit einer Gabel einstechen und um diesen einen Backrahmen setzen.

Für den Belag den Zucker mit den Eigelben schaumig rühren. Die Kokosraspeln unterziehen und den Rhabarber vorsichtig unterheben.

Den Belag auf dem Teig verteilen und etwa 30 Minuten im Ofen backen.

Die Eiweiße sehr steif schlagen und den Zucker einrieseln lassen. Den Eischnee über den Kuchen streichen und die Mandelblättchen darüberstreuen. Weitere 15 Minuten backen. Abkühlen lassen.

Auch ohne Backrahmen lässt sich der Kuchen zubereiten: Dann einfach mit Alufolie einen Rahmen schaffen.

fruchtiger blechkuchen

FÜR DEN TEIG

300 g Mehl
200 g kalte Butter,
in Stückchen geschnitten
90 g Zucker
1 Pck. Vanillezucker
1 Ei

Butter fürs Blech
Puderzucker zum Bestäuben

FÜR DEN BELAG

80 g weiche Butter
175 g Zucker
1 Pck. Vanillezucker
1 kg Magerquark, abgetropft
3 Eier
1 Prise Salz
Abrieb von 1 Bio-Zitrone
1 Pck. Vanillepuddingpulver
350 g entsteinte Schattenmorellen
aus dem Glas, abgetropft
500 g Aprikosen aus der Dose,
abgetropft

Für den Teig das Mehl auf die Arbeitsfläche sieben, in die Mitte eine Mulde drücken und die restlichen Zutaten hineingeben. Rasch zu einem glatten Teig verkneten und 30 Minuten kalt stellen.

Ein Blech einfetten und den Backofen auf 190 °C vorheizen.

Für den Belag die Butter mit Zucker, Vanillezucker und Quark schaumig schlagen. Nach und nach die Eier zugeben und unterrühren. Salz, Zitronenabrieb und Vanillepuddingpulver zufügen und alles gut vermengen.

Den Teig auf das Blech geben, ausrollen und mehrmals mit einer Gabel einstechen. Die Quarkcreme gleichmäßig auf dem Boden verstreichen und den Kuchen mit den Früchten belegen. 35–40 Minuten im Ofen backen. Vor dem Servieren mit Puderzucker bestäuben.

russischer zupfkuchen

FÜR DEN TEIG

420 g Mehl
1 Pck. Backpulver
250 g kalte Butter,
in Stückchen geschnitten
200 g Zucker
1 Pck. Vanillezucker
2 Eier
40 g Kakaopulver

FÜR DIE CREME

375 g Butter
1 kg Magerquark, abgetropft
150 g Zucker
2 Pck. Vanillezucker
2 Pck. Vanillepuddingpulver
4 Eier

Backrahmen

Für den Teig das Mehl auf die Arbeitsfläche sieben, in die Mitte eine Mulde drücken und die restlichen Zutaten hineingeben. Rasch zu einem glatten Teig verkneten und 30 Minuten kalt stellen.

Ein Blech mit Backpapier auslegen und den Backofen auf 180 °C vorheizen.

Etwa drei Viertel des Teiges mit den Fingern auf das Blech drücken, einen Backrahmen darauf setzen und einen Rand hochziehen. Den Boden mehrmals mit einer Gabel einstechen.

Für die Creme die Butter zerlassen und abkühlen lassen. Quark, Zucker, Vanillezucker, Vanillepuddingpulver und Eier miteinander verrühren. Die flüssige Butter untermischen und so lange schlagen, bis die Creme glatt ist. Gleichmäßig auf den Teig streichen.

Den übrigen Teig in kleine Stücke zupfen und auf der Creme verteilen. Etwa 45 Minuten im Ofen backen.

Für besondere Anlässe den restlichen Teig nicht nur zerzupfen, sondern ausrollen und schöne Formen ausstechen.

Ulmerbrot

FÜR DEN TEIG

250 g Zartbitterschokolade
250 g weiche Butter
250 g Zucker
6 Eier
200 g gemahlene Mandeln
150 g Mehl
½ Pck. Backpulver

ZUM SERVIEREN

75 g Puderzucker
2 Tropfen Zitronenaroma
Zuckerstreusel

Ein Blech mit Backpapier auslegen und den Backofen auf 160 °C vorheizen.

Die Zartbitterschokolade in einem Topf im Wasserbad schmelzen. Abkühlen lassen.

Butter, Zucker und Eier schaumig rühren. Nach und nach zuerst die Mandeln, dann das Mehl mit dem Backpulver untermengen. Die Schokolade hinzufügen und so lange verrühren, bis eine cremige Masse entstanden ist. Den Teig auf das Blech streichen und 25–30 Minuten im Ofen backen.

Den Puderzucker mit Zitronenaroma und etwas Wasser anrühren. Auf das Ulmerbrot streichen. Mit Zuckerstreuseln bestreuen.

Mindestens genauso gut schmeckt das Ulmerbrot mit einer Schokoladenglasur!

Schokoladenbrot

schokoladenbrot

250 g weiche Butter
200 g Zucker
1 Pck. Vanillezucker
6 Eier
100 g Mehl
1 TL Backpulver
200 g gemahlene Mandeln
200 g Schokoladenraspel
200 g Zartbitterschokolade

Ein Blech mit Backpapier auslegen und den Backofen auf 180 °C vorheizen.

Butter, Zucker und Vanillezucker schaumig schlagen. Die Eier einzeln zugeben und jedes Ei etwa 30 Sekunden unterrühren. Das Mehl darübersieben und zusammen mit Backpulver, Mandeln und Schokoladenraspel zu einem glatten Teig rühren.

Den Teig auf das Blech streichen. Etwa 20 Minuten im Ofen backen.

Inzwischen die Zartbitterschokolade in einem Topf im Wasserbad schmelzen. Das Schokoladenbrot noch warm damit bestreichen, antrocknen lassen und dann in Rauten schneiden.

torten

Wenn Nanette eine Torte backte, bei der die Böden sorgsam mit Früchten belegt und mit Sahne eingestrichen werden mussten, stand ein besonderes Ereignis ins Haus. Zwar blieb mit Hof, Garten und Wirtschaft eigentlich nie viel Zeit in der Küche, aber manchmal musste das Backwerk doch ein wenig aufwendiger und ein klein bisschen besonderer als gewöhnlich sein. Schließlich gehörten zu Geburtstagen in der Familie üppige Torten unbedingt dazu!

»Die *Haustorte* hat man nur von Oma bekommen«, erzählt Enkelin Annina. »Erst sollte man sie probieren, dann ihre Geheimzutat erraten und danach durfte man sie nach dem Rezept fragen. Die Torte ist sehr saftig, süß und schmeckt einfach super – unglaublich, dass Kartoffeln drin sind!«

Apfeltorte
apfeltorte

FÜR DEN TEIG

250 g Mehl
1 TL Backpulver
125 g Margarine
125 g Zucker
1 Pck. Vanillezucker
1 Ei

FÜR DEN BELAG

750 ml Weißwein (alternativ Apfelsaft)
2 Pck. Vanillepuddingpulver
150 g Zucker
1 Pck. Vanillezucker
1 kg Äpfel, geschält,
Kerngehäuse entfernt und geraspelt

ZUM SERVIEREN

400 g Sahne
1 EL Kakaopulver

Butter für die Form

Für den Teig das Mehl auf die Arbeitsfläche sieben, in die Mitte eine Mulde drücken und die restlichen Zutaten hineingeben. Rasch zu einem glatten Teig verkneten und 30 Minuten kalt stellen.

Eine Springform (26 cm Ø) einfetten und den Backofen auf 180 °C vorheizen.

Für den Belag den Weißwein zum Kochen bringen und Vanillepuddingpulver, Zucker und Vanillezucker einrühren. Beiseitestellen und die Äpfel unterheben.

Den Teig etwas größer als die Backform rund ausrollen, in die Form legen und dabei einen Rand hochziehen. Den Boden mehrmals mit einer Gabel einstechen. Die Apfel-Puddingmasse darauf verteilen. 90 Minuten im Ofen backen. Vollständig auskühlen lassen, am besten über Nacht.

Zum Servieren die Sahne steif schlagen und gleichmäßig auf die Torte streichen. Mit Kakaopulver bestäuben.

Schwarzwälder Kirschtorte

schwarzwälder kirschtorte

FÜR DEN TEIG

6 Eier
300 g Zucker
150 g Mehl
100 g Speisestärke
2 TL Backpulver
3 EL Kakaopulver

Spritzbeutel mit Sterntülle

ZUM GARNIEREN

700 g entsteinte Schattenmorellen aus dem Glas
800 g Sahne
100 g Schokoladenraspel, nach Belieben

Eine Springform (26 cm Ø) mit Backpapier auslegen und den Backofen auf 180 °C vorheizen.

Für den Teig die Eier trennen. Die Eiweiße mit 6 EL kaltem Wasser steif schlagen. Den Zucker einrieseln lassen und zusammen mit den Eigelben unterrühren. Mehl, Speisestärke und Backpulver mischen, über die Masse sieben und zusammen mit dem Kakaopulver so lange unterziehen, bis ein glatter Teig entstanden ist. In die Form füllen und ca. 35 Minuten im Ofen backen. Abkühlen lassen.

Zum Garnieren den Biskuitboden zweimal waagrecht durchschneiden. Die Kirschen über einer Schüssel abgießen, den Saft auffangen und die 16 schönsten Kirschen beiseitelegen. Den unteren Boden mit ein paar EL Kirschsaft tränken. Die Sahne steif schlagen und etwa ein Drittel davon auf den Boden streichen. Mit Kirschen belegen. Den zweiten Boden obenauf geben und genauso verfahren. Zuletzt die Deckplatte auflegen und die Torte mit der restlichen Sahne verkleiden, dabei mit dem Spritzbeutel 16 Tuffs aufspritzen und mit den beiseitegelegten Kirschen dekorieren. Die Torte nach Belieben mit Schokoladenraspel verzieren. Bis zum Servieren kalt stellen.

himbeertorte

FÜR DEN UNTEREN BODEN

75 g weiche Butter
120 g Zucker
1 Pck. Vanillezucker
1 Ei
150 g Mehl
2 TL Backpulver

FÜR DEN OBEREN BODEN

2 Eier
65 g weiche Butter
150 g Zucker
80 g Mehl
1 TL Backpulver
50 g Mandelblättchen

ZUM GARNIEREN

1 Pck. Tortenguss
350 g frische Himbeeren
600 g Sahne

Butter für die Form

Eine Springform (26 cm Ø) einfetten und den Backofen auf 180 °C vorheizen.

Für den unteren Boden Butter, Zucker und Vanillezucker schaumig schlagen. Das Ei unterrühren. Mehl und Backpulver mischen und darübersieben. Zu einem glatten Teig vermengen. In die Form füllen und etwa 15 Minuten im Ofen backen. Aus der Form nehmen und auf einem Kuchengitter abkühlen lassen.

Für den oberen Boden die Eier trennen. Butter, 50 g Zucker und Eigelbe schaumig rühren. Mehl und Backpulver mischen, über die Eigelbmasse sieben und gut einarbeiten. Den Teig in die Form füllen und etwa 10 Minuten backen. Nun die Eiweiße mit dem restlichen Zucker sehr steif schlagen. Den Eischnee auf den Boden streichen und die Mandelblättchen darüberstreuen. Weitere 5 Minuten backen, dann herausnehmen und abkühlen lassen. Nach dem Erkalten in 16 Stücke schneiden.

Den Tortenguss nach Packungsanweisung zubereiten. Den unteren Boden mit den Himbeeren belegen und mit dem Tortenguss überziehen. Die Sahne steif schlagen und etwa drei Viertel davon auf die Himbeeren streichen. Den in Stücke geschnittenen oberen Boden auflegen. Mit der restlichen Sahne den Rand der Torte verzieren.

Preiselbeertorte

preiselbeertorte

FÜR DEN TEIG

6 Eier
1 Prise Salz
150 g Zucker
1 Pck. Vanillezucker
200 g gemahlene Haselnusskerne
2 EL Mehl
1 TL Backpulver
2 EL Kakaopulver

FÜR DIE FÜLLUNG

600 g Sahne
3 Pck. Sahnesteif
450 g Preiselbeeren aus dem Glas
2 EL Rum

ZUM GARNIEREN

200 g Sahne
1 Pck. Sahnesteif
1 EL Kakaopulver
75 g Mandelblättchen

Den Boden einer Springform (26 cm Ø) mit Backpapier auslegen und den Backofen auf 175 °C vorheizen.

Für den Teig die Eier trennen. Die Eiweiße mit dem Salz steif schlagen. Die Eigelbe mit Zucker und Vanillezucker schaumig schlagen und Haselnusskerne, Mehl, Back- und Kakaopulver unterrühren. Den Eischnee vorsichtig unterziehen. Den Teig in die Form füllen und etwa 35 Minuten im Ofen backen. Abkühlen lassen.

Für die Füllung die Sahne mit Sahnesteif sehr steif schlagen und die Preiselbeeren unterheben.

Den Biskuit einmal waagrecht durchschneiden. Den Boden mit Rum tränken und mit der Preiselbeersahne bestreichen. Die Deckplatte auflegen.

Zum Garnieren die Sahne mit Sahnesteif sehr steif schlagen und gleichmäßig auf dem Kuchen verteilen. Das Kakaopulver darübersieben und die Mandelblättchen darauf verteilen. Bis zum Servieren kalt stellen.

Haselnusstorte

FÜR DEN TEIG

250 g Mehl
180 g Zucker
1 Pck. Vanillezucker
125 g gemahlene Haselnusskerne
2 TL Kakaopulver
250 ml lauwarme Milch
Abrieb und Saft von ½ Bio-Zitrone
1 Pck. Backpulver

ZUM GARNIEREN

400 g Sahne
1 Pck. Vanillezucker
100 g Schokoladenraspel

Den Boden einer Springform (26 cm Ø) mit Backpapier auslegen und den Backofen auf 180 °C vorheizen.

Für den Teig Mehl, Zucker, Vanillezucker, Haselnusskerne und Kakaopulver mischen. Die Milch einfließen lassen, Zitronenabrieb und -saft zugeben und zuletzt das Backpulver untermengen. Alles gut verrühren, bis eine cremige Masse entstanden ist.

Den Teig in die Form füllen und etwa 45 Minuten im Ofen backen. Abkühlen lassen.

Zum Garnieren den Kuchen einmal waagrecht durchschneiden. Die Sahne mit Vanillezucker steif schlagen, 80 g Schokoladenraspel untermischen und drei Viertel der Masse auf den Boden streichen. Die Deckplatte auflegen. Die Torte mit dem Rest der Sahne und den noch übrigen Schokoladenraspel verzieren.

Die Torte kann nach Belieben auch mit frischen Früchten gefüllt werden.

Urlaub

Den Führerschein zu machen, war »mein ärgstes Schreckgespenst, das ich im Leben gehabt habe«, sagte Nanette einmal. Sie hatte ihn nach nur zwölf Fahrstunden beim ersten Versuch bestanden und hätte die Fahrprüfung wohl nicht wiederholen wollen, wäre das Ergebnis anders ausgefallen. Schon während des Krieges hatte die Familie auf ein Auto gespart, drei oder vier Jahre nach Kriegsende war es dann so weit und ein kleiner, blauer VW-Käfer – »hinten mit einem geteilten Fenster, wir sagten auch *Breznkäfer*« – rollte auf den Hof. Ein »famoses Auto«, das Nanette und ihrer Familie nicht nur Unabhängigkeit schenkte, sondern auch den ers-

ten richtigen Urlaub beim Rheinfall in der Schweiz ermöglichte. Später ging es jedes Jahr auf die Reise, dann schliefen Nanette und Hans auch mal mit umgeklappten Sitzen und Luftmatratze im Wagen. Einer dieser tagelangen Aufenthalte auf dem Campingplatz blieb Nanette ganz besonders in Erinnerung, wenn sie daran dachte, musste sie gar laut auflachen und um ihre Augen wurden die kleinen Fältchen unwillkürlich tiefer: »Eines Nachts wachte ich auf, weil es gehupt hatte. Ich war ein wenig kleiner als mein Mann, hatte immer auf der Fahrerseite geschlafen und war mit meinem Fuß versehentlich an die Hupe gestoßen.«

mandeltorte mit erdbeeren

5 Eier
100 g weiche Butter
60 g Zucker
1 Pck. Vanillezucker
1 Prise Salz
125 g gemahlene Mandeln

125 g Erdbeerkonfitüre
8 EL Quark
ca. 500 g Erdbeeren,
gewaschen und geviertelt

Butter für die Form

Eine Springform (26 cm Ø) einfetten und den Backofen auf 180 °C vorheizen.

Die Eier trennen. Die Eigelbe mit Butter, Zucker und Vanillezucker schaumig rühren. Die Eiweiße mit etwas Salz steif schlagen. Mandeln und Eischnee unter die Eigelbmasse ziehen. Den Teig in die Form füllen und 45 Minuten im Ofen backen.

Den Kuchen einmal waagrecht durchschneiden. Erdbeerkonfitüre und Quark mischen, drei Viertel davon auf den Boden streichen. Die Erdbeeren gleichmäßig auf dem Erdbeerquark verteilen. Die Deckplatte auflegen und den Rest des Quarks auftragen.

kartoffeltorte (haustorte)

FÜR DEN TEIG

8 Eier
200 g Zucker
300 g festkochende Kartoffeln vom Vortag, geschält und gerieben
50 g Semmelbrösel
50 g Zitronat, fein gehackt
50 g Orangeat, fein gehackt
3 EL Zimt
½ TL gemahlene Nelken
Abrieb von ½ Bio-Zitrone
1 Msp. Backpulver
125 g Walnusskerne, gemahlen

ZUM GARNIEREN

400 g Sahne
1 Pck. Vanillezucker
Zitronat
Zimt

Den Boden einer Springform (26 cm Ø) mit Backpapier auslegen und den Backofen auf 180 °C vorheizen.

Die Eier trennen. Die Eiweiße steif schlagen und beiseitestellen. Die Eigelbe mit dem Zucker schaumig rühren und unter die geriebenen Kartoffeln mengen. Die restlichen Zutaten unter die Kartoffelmasse geben und zuletzt den Eischnee und die Walnüsse unterheben.

Den Teig in die Form füllen und 30–40 Minuten im Ofen backen. Vollständig auskühlen lassen.

Die Sahne mit Vanillezucker sehr steif schlagen und den Kuchen mit drei Vierteln der Sahne bestreichen. Den Rest in einen Spritzbeutel füllen und ringsum Sahnehäubchen auf die Torte geben. Mit je einem Stück Zitronat garnieren und mit Zimt bestreuen.

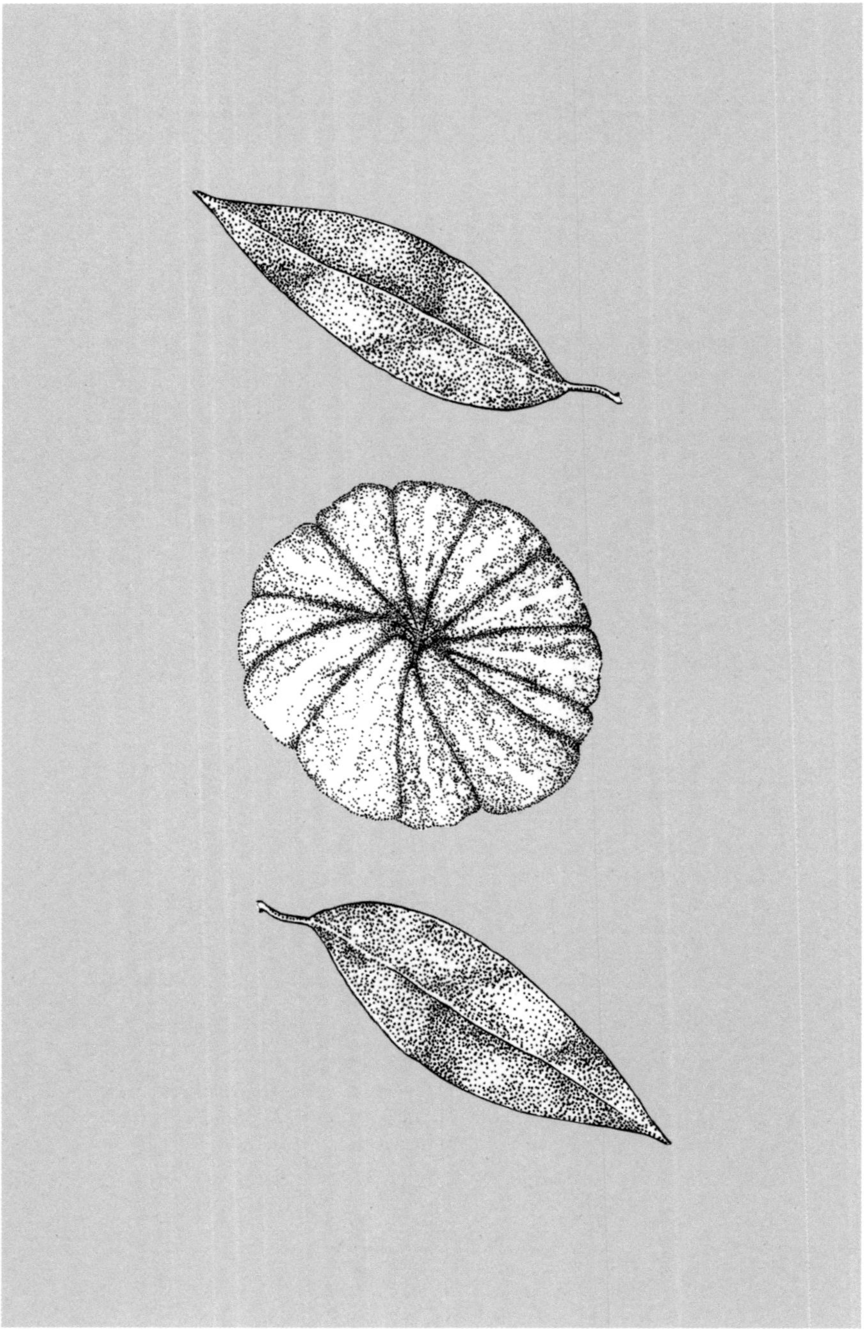

Käsesahnetorte

käsesahnetorte

FÜR DEN TEIG

5 Eier
200 g Zucker
1 Pck. Vanillezucker
150 g Mehl
1 TL Backpulver

Schlagsahne und Mandarinen zum Garnieren

FÜR DIE CREME

750 g Magerquark, abgetropft
150 g Zucker
12 Blatt Gelatine (oder 2 EL Gelatinepulver)
600 g Sahne
Saft von 2 Zitronen
250 g Mandarinen aus der Dose, abgetropft

Den Boden einer Springform (26 cm Ø) mit Backpapier auslegen und den Backofen auf 180 °C vorheizen.

Für den Teig die Eier trennen. Die Eigelbe mit Zucker und Vanillezucker schaumig rühren. Die Eiweiße steif schlagen und unterheben. Mehl und Backpulver darübersieben und unterziehen. Den Teig in die Form füllen und etwa 25 Minuten im Ofen backen. Abkühlen lassen.

Für die Creme Quark und Zucker schaumig rühren. Die Gelatine in kaltem Wasser einweichen. Danach gut ausdrücken, in 5 EL heißem Wasser auflösen und unter die Quarkmasse rühren. Etwa 15 Minuten kalt stellen. Die Sahne mit Zitronensaft steif schlagen und unter die Quarkmasse heben. Zuletzt die Mandarinen unterziehen.

Den Biskuit einmal waagrecht durchschneiden. Den Boden in einen Tortenring legen und mit drei Viertel der Quarkcreme bestreichen. Die Deckplatte auflegen und den Rest der Creme auftragen.

Mindestens 4 Stunden im Kühlschrank kalt stellen. Vor dem Servieren mit geschlagener Sahne und Mandarinen verzieren.

birnentorte

FÜR DEN TEIG

5 Eier
200 g Zucker
1 Pck. Vanillezucker
150 g Mehl
1 TL Backpulver

FÜR DEN BELAG

2 Pck. Tortenguss
500 g Birnen aus der Dose, abgetropft und geviertelt

600 g Sahne
2 Pck. Sahnesteif
1 Pck. Vanillezucker
1 EL Kakaopulver

Den Boden einer Springform (26 cm Ø) mit Backpapier auslegen und den Backofen auf 180 °C vorheizen.

Für den Teig die Eier trennen. Die Eigelbe mit Zucker und Vanillezucker schaumig rühren. Die Eiweiße steif schlagen und unterheben. Mehl und Backpulver darübersieben und unterziehen. Den Teig in die Form füllen und etwa 25 Minuten im Ofen backen. Auskühlen lassen.

Den Tortenguss nach Packungsanweisung zubereiten. Die Birnen auf dem Biskuitboden verteilen und mit dem Guss überziehen.

Die Sahne mit Sahnesteif, Vanillezucker und Kakaopulver steif schlagen und auf die Torte streichen. Mindestens 4 Stunden im Kühlschrank kalt stellen.

Kaffeetorte

kaffeetorte

FÜR DEN TEIG

6 Eier
240 g Zucker
1 Pck. Vanillezucker
180 g Mehl
2 TL Backpulver
2 EL Kakaopulver

75 g schokolierte Mokkabohnen zum Garnieren

FÜR DIE CREME

600 g Sahne
1 Pck. Vanillezucker
3 EL Instant-Kaffeepulver

Kaffeelikör, Menge nach Belieben
2 reife Bananen, in dünne Scheiben geschnitten

Den Boden einer Springform (26 cm Ø) mit Backpapier auslegen und den Backofen auf 180 °C vorheizen.

Für den Teig die Eier trennen. Die Eigelbe mit Zucker und Vanillezucker schaumig rühren. Die Eiweiße steif schlagen und unterheben. Mehl, Back- und Kakaopulver darübersieben und unterziehen. Den Teig in die Form füllen und etwa 25–30 Minuten im Ofen backen. Auskühlen lassen.

Für die Creme die Sahne mit dem Vanillezucker und Kaffeepulver steif schlagen.

Den Biskuit zweimal waagrecht durchschneiden. Den unteren Boden in den Ring legen, darauf Kaffeelikör, Bananenscheiben, ein Drittel Kaffeecreme verteilen, danach den zweiten Boden daraufgeben, mit Kaffeelikör nach Belieben tränken und mit einem weiteren Drittel der Kaffeecreme bestreichen. Die Deckplatte auflegen und den Rest der Creme auftragen. Mit Mokkabohnen garnieren.

möhrentorte

5 Eier
250 g Zucker
1 Pck. Vanillezucker
Abrieb und Saft von 1 Bio-Zitrone
12 Zwieback, gerieben
3 TL Backpulver
200 g gemahlene Haselnusskerne
250 g Karotten, gerieben

200 g Zartbitterschokolade

Den Boden einer Springform (26 cm Ø) mit Backpapier auslegen und den Backofen auf 180 °C vorheizen.

Die Eier trennen. Die Eigelbe mit Zucker und Vanillezucker schaumig rühren. Die Eiweiße mit Zitronenabrieb und -saft steif schlagen. Zwieback, Backpulver, Haselnusskerne und Karotten unter die Eigelbmasse mengen und den Eischnee unterziehen. Den Teig in die Form füllen und etwa 50–60 Minuten im Ofen backen. Abkühlen lassen.

Die Zartbitterschokolade in einem Topf im Wasserbad schmelzen. Die Torte damit bestreichen.

Eierlikörschokotorte

eierlikör-schoko-torte

FÜR DEN TEIG

5 Eier
200 g Zucker
1 Pck. Vanillezucker
150 g Mehl
1 TL Backpulver

FÜR DIE EIERLIKÖRCREME

500 g Sahne
250 ml Eierlikör
10 Blatt Gelatine

FÜR DIE SCHOKOSAHNE

180 g Zartbitterschokolade
400 ml Sahne

Den Boden einer Springform (26 cm Ø) mit Backpapier auslegen und den Backofen auf 180 °C vorheizen.

Für den Teig die Eier trennen. Die Eigelbe mit Zucker und Vanillezucker schaumig rühren. Die Eiweiße steif schlagen und unterheben. Mehl und Backpulver darübersieben und unterziehen. Den Teig in die Form füllen und etwa 25 Minuten im Ofen backen. Auskühlen lassen.

Für die Eierlikörcreme die Sahne steif schlagen. Den Eierlikör unter die Sahne ziehen und die Gelatine in kaltem Wasser einweichen. Die Gelatine gut ausdrücken, in 5 EL heißem Wasser auflösen und unter die Eierlikörsahne rühren.

Für die Schokosahne die Zartbitterschokolade in einem Topf im Wasserbad schmelzen und kurz abkühlen lassen. Die Sahne steif schlagen und die Schokolade unterziehen.

Den Biskuit zweimal waagrecht durchschneiden. Den unteren Boden in einen Tortenring geben und mit der Eierlikörcreme bestreichen. Den zweiten Boden auflegen und drei Viertel der Schokosahne auftragen. Dann die Deckplatte darauf platzieren und mit der restlichen Schokosahne verzieren. Mindestens 4 Stunden im Kühlschrank kalt stellen.

Punschtorte

punschtorte

FÜR DEN TEIG

8 Eier
200 g Zucker
Abrieb von ½ Bio-Zitrone
200 g Mehl
½ Pck. Backpulver

ZUM GARNIEREN

Konfitüre (z. B. Aprikose)
100 g Puderzucker
2 EL Rum

Den Boden einer Springform (26 cm Ø) mit Backpapier auslegen und den Backofen auf 180 °C vorheizen.

Die Eier trennen. Die Eiweiße sehr steif schlagen, dabei 100 g Zucker einrieseln lassen. Eigelbe, restlichen Zucker und Zitronenabrieb schaumig rühren, Mehl und Backpulver vermischen und darübersieben. Gut vermengen und den Eischnee unterheben.

Den Teig in die Form füllen und etwa 45 Minuten im Ofen backen. Abkühlen lassen.

Zum Garnieren den Boden einmal waagrecht durchschneiden, mit Konfitüre bestreichen und die Deckplatte wieder auflegen. Den Puderzucker mit Rum und etwas Wasser anrühren und den Guss auf die Torte auftragen.

gebäck & co.

An Nanettes Kaffeetafel durften kleine Teilchen, bei denen man immer gerne schnell hinlangte und von denen man auch mal zwei nahm, nie fehlen. Dabei rollte sie besonders gerne kleine Butter- und Nusshörnchen, flocht ebenso freudig Zöpfe und backte auch immer mal wieder ganz geschwind knuspriges Schmalzgebäck aus. Und Nanette war eine leidenschaftliche Gastgeberin, die großzügig auftischte, sobald Gäste erwartet wurden. »Zu jeder Kaffeetafel gehörten ihr Käsekuchen, die Haustorte, Nusshörnchen und Blätterteigtörtchen. Obstkuchen je nach Saison kamen noch dazu. Es blieb immer jede Menge übrig, aber man konnte sie nicht bremsen«, erzählt ihre Schwiegertochter Gerlinde.

biskuitroulade

5 Eier
120 g Zucker
1 Pck. Vanillezucker
2 Tropfen Zitronenaroma
(nach Belieben)
120 g Mehl
1 TL Backpulver

Konfitüre (nach Belieben)

Puderzucker zum Bestäuben

Ein Blech mit Backpapier auslegen und den Backofen auf 220 °C vorheizen.

Die Eier trennen. Die Eigelbe mit Zucker und Vanillezucker sehr schaumig rühren. Die Eiweiße mit dem Zitronenaroma steif schlagen. Das Mehl über die Eigelbmasse sieben und mit dem Eischnee unterheben.

Den Teig auf das Blech geben, glatt streichen und sofort 8–10 Minuten im Ofen hellgelb backen.

Die Biskuitplatte rasch auf ein feuchtes Geschirrtuch stürzen, das Backpapier abziehen und den Biskuit mithilfe des Tuchs aufrollen. Erkalten lassen. Wieder öffnen, mit Konfitüre bestreichen und erneut aufrollen. Vor dem Servieren mit Puderzucker bestäuben.

Lässt sich das Backpapier nicht gut von der Roulade abziehen, kurz mit kaltem Wasser anfeuchten. Dann löst es sich leichter ab.

dunkle roulade mit erdbeeren

5 Eier
120 g Zucker
1 Pck. Vanillezucker
100 g Mehl
1 TL Backpulver
15 g Kakaopulver

300 g Sahne
ca. 500 g Erdbeeren,
gewaschen und geviertelt

Puderzucker zum Bestäuben

Ein Blech mit Backpapier auslegen und den Backofen auf 220 °C vorheizen.

Die Eier trennen. Die Eigelbe mit Zucker und Vanillezucker sehr schaumig rühren. Die Eiweiße steif schlagen. Das Mehl über die Eigelbmasse sieben, das Kakaopulver zugeben und mit dem Eischnee unterheben.

Den Teig auf das Blech geben, glatt streichen und sofort 8–10 Minuten im Ofen hellgelb backen.

Die Biskuitplatte rasch auf ein feuchtes Geschirrtuch stürzen, das Backpapier abziehen und den Biskuit mithilfe des Tuchs aufrollen. Erkalten lassen. Die Sahne aufschlagen, die Roulade wieder öffnen und damit bestreichen. Die Erdbeeren auflegen. Den Biskuit erneut aufrollen und vor dem Servieren mit Puderzucker bestäuben.

nussroulade mit heidelbeeren

5 Eier
120 g Zucker
1 Pck. Vanillezucker
70 g Mehl
50 g gemahlene Haselnusskerne
1 TL Backpulver

300 g Sahne
3 EL Heidelbeerkonfitüre
1 Handvoll Heidelbeeren
Puderzucker zum Bestäuben

Ein Blech mit Backpapier auslegen und den Backofen auf 220 °C vorheizen.

Die Eier trennen. Die Eigelbe mit Zucker und Vanillezucker sehr schaumig rühren. Die Eiweiße steif schlagen. Das Mehl über die Eigelbmasse sieben, die Haselnusskerne zugeben und mit dem Eischnee unterheben.

Den Teig auf das Blech geben, glatt streichen und sofort 8–10 Minuten im Ofen hellgelb backen.

Die Biskuitplatte sofort auf ein feuchtes Geschirrtuch stürzen, das Backpapier abziehen und den Biskuit mithilfe des Tuchs aufrollen. Erkalten lassen. Die Sahne zusammen mit der Heidelbeerkonfitüre steif schlagen, die Roulade wieder öffnen und mit der Sahne bestreichen. Die Heidelbeeren darauf verteilen. Erneut aufrollen und vor dem Servieren mit Puderzucker bestäuben.

Schmeckt auch mit Preiselbeeren sehr gut!

Butterzopf
butterzopf

500 g Mehl
1 Würfel Hefe
85 g Zucker
175 ml lauwarme Milch
100 g weiche Butter
1 Pck. Vanillezucker
1 Ei
1 Tropfen Bittermandelaroma
½ TL Salz

Alle Zutaten Raumtemperatur annehmen lassen. Für den Teig das Mehl in eine Schüssel sieben, in die Mitte eine Mulde drücken und die Hefe hineinbröckeln. 1 EL Zucker darüberstreuen und beides mit 4 EL Milch und wenig Mehl vom Rand zu einem Vorteig anrühren. Abgedeckt an einem warmen Ort etwa 15 Minuten gehen lassen.

Die restlichen Zutaten in den Teig einarbeiten und kräftig verkneten, bis dieser glatt und geschmeidig ist und sich vom Schüsselboden löst.

Ein Blech mit Backpapier auslegen und den Backofen auf 190 °C vorheizen.

Den Teig in 3 Portionen teilen, Stränge formen und einen Zopf flechten. Auf das Blech setzen und nochmals 15 Minuten gehen lassen.

Anschließend etwa 45 Minuten im Ofen backen.

Landfrauenchor

Schwere, dicke Ordner voller Liedheftchen und Notizbücher, sorgsam beklebt mit Bildern, Zeitungsartikeln, Korrespondenzen und Dankeszetteln türmen sich auf dem abgegriffenen Holztisch der alten Wirtschaft in Rütteldorf. Hier sind die Glanzzeiten bereits vorbei, hier wird – anders als in Nanettes »Bauhof« – nicht mehr aufgekocht und aufgefahren. Aber sie ist noch Treffpunkt einiger Frauen, die eine gemeinsame Passion haben und ohne Nanette nicht zusammengefunden hätten ...

»Den Chor hat Nanette aus dem Nichts gegründet«, erzählen die zwei emsigen Landfrauen, die mir gegenübersitzen und mich erwartungsvoll mustern. Ich hatte sie gebeten, mir von Nanette und ihrem Engagement zu berichten und bereits am Telefon war mir eine Welle aus Hilfsbereitschaft und tiefstem Respekt für Nanette entgegengeschwappt. Nun sitze ich hier und blättere durch die Sammlung aus vergilbten Veranstaltungsbescheiden und akribisch genau notierten Probeabläufen einer anderen Zeit.

Mit der musikalischen Umrahmung der jährlichen Landfrauentage im Jahr 1981 mit den beiden Liedern »Wir pflügen und wir streuen« und »Der fröhliche Bauer« (natürlich zweistimmig) hatte alles angefangen, bereits zwei Jahre später bestand der Chor aus 22 festen Mitgliedern, bald gab es 12–15 Auftritte jährlich und allmonatliche Zusammenkünfte zum Proben. Nanettes Stimme war beim Singen nicht übermäßig laut, aber immer fest und die Worte klar; sie war eine gute Sängerin voller Leidenschaft und Freude, die beinahe mühelos zwischen drei Stimmlagen hüpfte. Dabei traf man die Liedauswahl immer gemeinsam – und stets mit drei Geleitfragen im Kopf: »Wollmas? Könnmas? Sanmas?« –, außerdem hielt man bald in allen Lebenslagen zusammen, wagte sich gemeinschaftlich an Unbekanntes heran und ging gar zusammen auf Reisen. »Immer wenn es etwas Neues gab, konnten wir sicher sein, dass Nanette es ›für ihre Frauen‹ besorgte.« So weiteten sich die Treffen und es wurde nicht mehr nur zusammen gesungen, sondern auch gebastelt, genäht, geschnitzt und es wurden Rezepte ausgetauscht. »Und wenn man mit Nanette unterwegs war, konnte man sich der Aufmerksamkeit anderer sicher sein: Sie kannte jeden und jeder kannte sie. Sie war zwar klein, aber übersehen hat sie niemals jemand.« Die Frauen feierten, scherzten und lachten miteinander – und nahmen gemeinsam Abschied, als es Nanette aus ihrer Mitte riss. »Nanette war bis zuletzt eine von uns«, sagt die heutige Chorbetreuerin, die in die so großen Fußstapfen einer so kleinen Frau treten musste und ihr schwermütiger, zugleich sanfter Blick verrät: Nanette wird auch immer eine von ihnen bleiben.

nusszopf

FÜR DEN TEIG

500 g Mehl
1 Würfel Hefe
100 g Zucker
125 ml lauwarme Milch
125 g Butter
1 Ei
1 Eigelb
1 Prise Salz

FÜR DIE FÜLLUNG

200 g gemahlene Haselnusskerne
75 g Zucker
1 Pck. Vanillezucker
5 EL Sahne

50 g Butter, zerlassen zum Bestreichen
200 g Puderzucker für die Glasur

Alle Zutaten Raumtemperatur annehmen lassen. Für den Teig das Mehl in eine Schüssel sieben, in die Mitte eine Mulde drücken und die Hefe hineinbröckeln. 1 EL Zucker darüberstreuen und beides mit 4 EL Milch und wenig Mehl vom Rand zu einem Vorteig anrühren. Abgedeckt an einem warmen Ort etwa 15 Minuten gehen lassen.

Die restlichen Zutaten in den Teig einarbeiten und kräftig verkneten, bis dieser glatt und geschmeidig ist und sich vom Schüsselboden löst.

Den Teig 5 mm dick zu einem Rechteck auswellen und mit der zerlassenen Butter bestreichen.

Ein Blech mit Backpapier auslegen und den Backofen auf 175 °C vorheizen.

Für die Füllung alle Zutaten mischen und die Masse gleichmäßig auf dem Teig verteilen. Von der Längsseite aufrollen und der Länge nach in der Mitte bis auf 4 cm durchschneiden. Die beiden Stränge mit der Schnittfläche nach oben verschlingen. Auf das Blech legen und abgedeckt nochmals 15 Minuten gehen lassen.

Anschließend den Zopf 40–50 Minuten im Ofen backen. Abkühlen lassen.

Den Puderzucker mit etwas Wasser mischen und den Zopf damit bestreichen.

nussschnecken

FÜR DEN TEIG

500 g Mehl
1 Würfel Hefe
85 g Zucker
175 ml lauwarme Milch
100 g weiche Butter
1 Pck. Vanillezucker
1 Ei
1 Tropfen Bittermandelaroma
½ TL Salz

FÜR DIE FÜLLUNG

300 g gemahlene Haselnusskerne
100 g Zucker
1 Pck. Vanillezucker
ca. 120 g Sahne

50 g Butter, zerlassen zum Bestreichen
Kondensmilch zum Bestreichen

Alle Zutaten Raumtemperatur annehmen lassen. Für den Teig das Mehl in eine Schüssel sieben, in die Mitte eine Mulde drücken und die Hefe hineinbröckeln. 1 EL Zucker darüberstreuen und beides mit 4 EL Milch und wenig Mehl vom Rand zu einem Vorteig anrühren. Abgedeckt an einem warmen Ort etwa 15 Minuten gehen lassen.

Die restlichen Zutaten in den Teig einarbeiten und kräftig verkneten, bis dieser glatt und geschmeidig ist und sich vom Schüsselboden löst.

Den Teig 1 cm dick zu einem Rechteck auswellen und mit der zerlassenen Butter bestreichen.

Ein Blech mit Backpapier auslegen und den Backofen auf 190 °C vorheizen.

Für die Füllung alle Zutaten mischen. So viel Sahne zugeben, bis eine streichfähige Masse entsteht, und diese gleichmäßig auf dem Teig verteilen. Von der kurzen Seite her aufrollen, in 2 cm dicke Scheiben schneiden und auf das Blech setzen. Mit etwas Kondensmilch bestreichen. Etwa 20–25 Minuten im Ofen backen.

Nussecken

nussecken

FÜR DEN TEIG

170 g weiche Butter
170 g Zucker
1 Pck. Vanillezucker
1 Ei
160 g Mehl
½ TL Backpulver
1 EL Milch
300 g Aprikosenkonfitüre
200 g gemahlene Haselnusskerne

FÜR DIE GLASUR

120 g Zartbitterschokolade
80 g Butter

Ein Blech mit Backpapier auslegen und den Backofen auf 180 °C vorheizen.

Etwa 70 g Butter, 70 g Zucker, Vanillezucker und Ei schaumig rühren. Mehl und Backpulver mischen, darübersieben und mit der Milch untermengen. Den Teig auf das Blech streichen.

Die Aprikosenkonfitüre mit der restlichen Butter und dem noch übrigen Zucker kurz aufkochen. Die Haselnusskerne unterrühren und die Masse auf den Teig streichen. Etwa 20 Minuten im Ofen backen. Noch heiß in Ecken schneiden.

Für die Glasur Zartbitterschokolade und Butter in einem Topf im Wasserbad schmelzen. Jeweils die zwei Spitzen der langen Seite jeder Nussecke in die Glasur tauchen. Antrocknen lassen.

Krapfen

750 g Mehl
1 Würfel Hefe
80 g Zucker
250 ml lauwarme Milch
90 g Butter
3 Eier
1 Prise Salz
1 EL Rum

Butterschmalz zum Ausbacken
Aprikosen- oder Hagebuttenkonfitüre
Puderzucker zum Bestäuben

runde Ausstechform (7 cm Ø)
Krapfentülle

Alle Zutaten Raumtemperatur annehmen lassen. Für den Teig das Mehl in eine Schüssel sieben, in die Mitte eine Mulde drücken und die Hefe hineinbröckeln. 3 EL Zucker darüberstreuen und beides mit 5 EL Milch und wenig Mehl vom Rand zu einem Vorteig anrühren. Abgedeckt an einem warmen Ort etwa 15 Minuten gehen lassen. Die Butter zerlassen und abkühlen lassen.

Die restlichen Zutaten in den Teig einarbeiten und kräftig verkneten, bis dieser glatt und geschmeidig ist und sich vom Schüsselboden löst. Weitere 30 Minuten gehen lassen.

Den Teig etwa 1 cm dick ausrollen und Krapfen ausstechen. Nochmals 15 Minuten gehen lassen.

Das Butterschmalz in einem Topf erhitzen. Die Teigstücke portionsweise hineingeben und vor dem Wenden mithilfe eines Schöpflöffels mehrmals mit dem heißen Schmalz übergießen. Auf diese Weise auf beiden Seiten goldbraun ausbacken. Die Konfitüre mit der Krapfentülle seitlich in die noch heißen Krapfen spritzen. Abkühlen lassen.

Vor dem Servieren mit Puderzucker bestäuben.

Bevor die Krapfen ins heiße Schmalz gegeben werden, mit einem Pinsel von überschüssigem Mehl befreien: Sonst bildet sich beim Aufgehen kein sauberes weißes Rändchen.

küchle

2 kg Mehl
2 Würfel Hefe
200 g Zucker
1 l lauwarme Milch
250 g Butter
2 EL Arrak
5 Eier
20 g Salz

Butterschmalz zum Ausbacken
Puderzucker zum Bestäuben
Teigrädchen

Alle Zutaten Raumtemperatur annehmen lassen. Für den Teig das Mehl in eine Schüssel sieben, in die Mitte eine Mulde drücken und die Hefe hineinbröckeln. 3 EL Zucker darüberstreuen und beides mit 5 EL Milch und wenig Mehl vom Rand zu einem Vorteig anrühren. Abgedeckt an einem warmen Ort etwa 15 Minuten gehen lassen. Die Butter zerlassen und abkühlen lassen.

Die restlichen Zutaten in den Teig einarbeiten und kräftig verkneten, bis dieser glatt und geschmeidig ist und sich vom Schüsselboden löst. Den Teig in vier Portionen teilen. Abgedeckt an einem warmen Ort weitere 30 Minuten gehen lassen, bis die vier Teigkugeln jeweils das Doppelte ihres Volumens erreicht haben.

Jede Kugel 5 mm dick ausrollen und Vierecke (8–10 cm Kantenlänge) ausradeln. Abgedeckt weitere 30 Minuten gehen lassen.

Das Butterschmalz in einem Topf erhitzen. Die Teigstücke portionsweise hineingeben und vor dem Wenden mithilfe eines Schöpflöffels mehrmals mit dem heißen Schmalz übergießen. Auf diese Weise auf beiden Seiten goldbraun ausbacken.

Vor dem Servieren mit Puderzucker bestäuben.

Das mit den Küchle ist so eine Sache, der fränkischen Landfrau sind sie wahrlich eine Herzensangelegenheit ... So muss der Hefeteig für die »protestantischen« Kissen*, wie Nanette sie immer gebacken hat, richtig gut ausgeknetet werden und immer wieder einige Zeit lang ruhen. Nur dann – und wenn die Küchle im Topf mehrmals mit heißem Butterschmalz übergossen werden – geht er beim Ausbacken auch schön auf. Küchle zu backen ist also eine Kunst für sich, die Nanette natürlich beherrschte und auch gerne weitergab.

Eines Tages schaute Sigi, wahrscheinlich erst fünf Jahre alt und gerade mal hüftgroß, seiner Ziehschwester besonders aufmerksam zu, wie sie die Zutaten in den Teig einarbeitete, bis Nanette fragte: »Soch amol, warum bleibst'n sitzen?« Da sah er sie mit großen Augen an: »Ich muss zuschauen, weil wenn du mal nimmer bist, muss ich das ja können.« Immer wenn Küchle gebacken wurden, war im Stübchen warm eingeheizt und die ausgeradelten Teigstücke lagen abgedeckt auf Holzbrettern in der Nähe des Ofens, damit sie schön aufgehen konnten. Einmal schlich sich der kleine Fritz in die warme Stube und hatte großen Spaß daran, unter die weißen Tücher zu schauen und mit dem kleinen Finger in jedes der dick aufgegangenen Teigstücke eine tiefe Grube zu drücken. Entsetzt rief Mama Nanette: »Des werden ja jetzt lauter Dootschn!«

Doch auch Nanettes Hollerküchle (nächste Seite) sind in ganz besonderer Erinnerung geblieben. Wenn der Holunder blühte und ab Mai den Frühsommer einläutete, zwickte Nanette ein paar Dolden ab, tauchte sie in den Teig ein und backte sie in heißem Butterschmalz aus. Mit Puderzucker bestäubt brachte sie die knusprig-süßen Küchle über das alte, hölzerne Treppenhaus in die Verlagsräume hinauf – und erfreute damit nicht nur die Lektorin mit dieser Köstlichkeit!

* in katholischen Gegenden sind eher die runden »Knieküchle« oder »Auszognen« bekannt.

hollerküchle

25 Holunderblütendolden, frisch gepflückt
375 g Mehl
2 TL Backpulver
4 Eier
500 ml Milch
3 EL Zucker
1 Prise Salz

Butterschmalz zum Ausbacken
Puderzucker zum Bestäuben

Die Holunderblütendolden etwa 1 Stunde auf einem Geschirrtuch ausbreiten, damit sich Insekten entfernen können.

Das Mehl mit Backpulver in einer Rührschüssel mischen, Eier zugeben und zusammen mit Milch, Zucker und Salz zu einem glatten Teig verrühren.

Das Butterschmalz in einem Topf erhitzen. Die Dolden am Stiel nehmen, in den Teig tauchen und leicht schütteln, sodass die Blüten locker werden. Ins heiße Schmalz geben.

Die erste Seite goldgelb backen, den Stiel abschneiden und die Blüten wenden. Die zweite Seite genauso ausbacken.

Vor dem Servieren mit Puderzucker bestäuben.

zöpfle

375 g Mehl
1 TL Backpulver
100 g Margarine
60 g Zucker
1 Pck. Vanillezucker
2 Eier
4–5 EL Sahne

Butterschmalz zum Ausbacken
Puderzucker zum Bestäuben

Das Mehl auf die Arbeitsfläche sieben, in die Mitte eine Mulde drücken und die restlichen Zutaten hineingeben. Rasch zu einem glatten Teig verkneten und 30 Minuten kalt stellen.

Den Teig dünn ausrollen und in etwa 10 cm lange Streifen schneiden. Aus je drei Streifen einen Zopf flechten und die Enden zusammendrücken.

Das Butterschmalz in einem Topf erhitzen. Die Teigzöpfe portionsweise hineingeben und goldbraun ausbacken. Zum Servieren mit Puderzucker bestäuben.

Schmalzringe

FÜR DEN TEIG

50 g Zucker
2 Eier
125 ml Milch
200 g Mehl
3 TL Backpulver
1 Prise Salz
1 Msp. Zimt

FÜR DIE GLASUR

200 g Zartbitterschokolade
50 g Sahne

runde Ausstechförmchen (10 cm Ø)
Butterschmalz zum Ausbacken

Für den Teig Zucker, Eier und Milch verrühren, Mehl und Backpulver mischen und darübersieben. Salz und Zimt unterrühren. Alles gut vermengen und zu einem glatten Teig kneten. Dünn ausrollen und Ringe ausstechen.

Das Butterschmalz in einem Topf erhitzen. Die Teigringe portionsweise ins heiße Schmalz geben und goldgelb ausbacken.

Für die Glasur die Zartbitterschokolade schmelzen und die Sahne einrühren. Auf die Schmalzringe streichen.

Schneeballen

125 g Butter
2 Eier
2 Eigelb
125 g Zucker
125 g saure Sahne
2 EL Kirschwasser
600 g Mehl

Butterschmalz zum Ausbacken
Puderzucker zum Bestäuben

runde Ausstechform (10 cm Ø)
Teigrad

Die Butter zerlassen und abkühlen lassen.

Eier, Eigelbe und Zucker schaumig rühren, die saure Sahne zugeben und Butter und Kirschwasser einfließen lassen. Alles gut miteinander vermengen. Das Mehl einarbeiten und den Teig so lange kneten, bis er glatt und geschmeidig ist. Abgedeckt 30 Minuten kalt stellen.

Das Butterschmalz in einem Topf erhitzen. Den Teig 1 mm dick ausrollen und Kreise ausstechen. In jedem Teigkreis etwa 1 cm breite Streifen ausradeln, dabei jeweils einen Rand stehen lassen. Mit einem Kochlöffelstiel die Streifen abwechselnd auffädeln und den Schneeballen ins heiße Schmalz setzen. Umrühren, sodass sich eine Kugel bildet. Auf diese Weise alle Gebäckstücke goldgelb ausbacken.

Vor dem Servieren mit Puderzucker bestäuben.

feuerspatzen

1 kg Mehl
2 Würfel Hefe
250 g Zucker
500 ml lauwarme Milch
200 g Butter
6 Eier
Saft von 1 Zitrone
1 Prise Salz

Butterschmalz zum Ausbacken
Puderzucker zum Bestäuben

Alle Zutaten Raumtemperatur annehmen lassen. Für den Teig das Mehl in eine Schüssel sieben, in die Mitte eine Mulde drücken und die Hefe hineinbröckeln. 1 EL Zucker darüberstreuen und beides mit 4 EL Milch und wenig Mehl vom Rand zu einem Vorteig anrühren. Abgedeckt an einem warmen Ort etwa 15 Minuten gehen lassen. Die Butter zerlassen und abkühlen lassen.

Die restlichen Zutaten in den Teig einarbeiten und kräftig verkneten, bis dieser glatt und geschmeidig ist und sich vom Schüsselboden löst. Abgedeckt an einem warmen Ort weitere 30 Minuten gehen lassen, bis der Teig das Doppelte seines Volumens erreicht hat.

Das Butterschmalz in einem Topf erhitzen. Mit einem Esslöffel Teig abnehmen, ins heiße Schmalz setzen und rundum goldgelb ausbacken.

Vor dem Servieren mit Puderzucker bestäuben.

Zimtrollen

zimtrollen

500 g Margarine
200 g Zucker
2 Pck. Vanillezucker
4 Eier
125 g Sahne
1 ½ EL Schnaps (nach Belieben)
1,5 kg Mehl

Butterschmalz zum Ausbacken
Zucker und Zimt zum Wenden

Rolleisen

Margarine, Zucker, Vanillezucker und Eier schaumig rühren. Sahne und Schnaps zugeben und nach und nach das Mehl einarbeiten. Gut vermengen und den Teig 12 Stunden ruhen lassen.

Das Butterschmalz in einem Topf erhitzen. Den Teig dünn ausrollen, in Streifen schneiden und diese um ein Rolleisen legen. Gut andrücken, in das heiße Schmalz geben und goldgelb ausbacken. Noch heiß in Zucker und Zimt wenden.

Windbeutel

windbeutel

FÜR DEN TEIG

50 g Butter
1 Prise Salz
150 g Mehl
4 Eier

FÜR DIE FÜLLUNG

500 g Sahne
1 Pck. Vanillezucker

Puderzucker zum Bestäuben

Für den Teig in einem Topf 250 ml Wasser mit Butter und Salz aufkochen. Das Mehl auf einmal hineinschütten, glatt rühren, bis sich im Topf eine weiße Kruste bildet. Abkühlen lassen.

Die Eier nach und nach zugeben und untermengen. So lange rühren, bis der Teig geschmeidig ist.

Ein Blech mit Backpapier auslegen und den Backofen auf 200 °C vorheizen.

Mit zwei Esslöffeln Häufchen aus dem Teig formen und auf das Blech setzen. Etwa 25 Minuten im Ofen backen.

Die Windbeutel noch warm mit der Schere horizontal durchschneiden. Abkühlen lassen.

Für die Füllung die Sahne mit Vanillezucker steif schlagen. Die untere Hälfte der Windbeutel mit der Sahne füllen und die Deckel auflegen. Vor dem Servieren mit Puderzucker bestäuben.

Butterhörnchen

butterhörnchen

200 g Mehl
50 g Speisestärke
100 g gemahlene Haselnusskerne
200 g kalte Butter,
in Stückchen geschnitten
80 g Zucker
2 Pck. Vanillezucker
2 Eigelb

Zucker und Vanillezucker zum Wenden

Teigrädchen

Das Mehl auf die Arbeitsfläche sieben, in die Mitte eine Mulde drücken und die restlichen Zutaten hineingeben. Rasch zu einem glatten Teig verkneten und 30 Minuten kalt stellen.

Ein Blech mit Backpapier auslegen und den Backofen auf 190 °C vorheizen.

Den Teig etwa 1 cm dick auswellen und zu drei Schichten zusammenklappen. Von den Schmalseiten wieder zu einem Rechteck ausrollen. Auf diese Weise 3 Touren schlagen, bei Bedarf zwischendurch kalt stellen.

Den Teig 2–3 mm dick ausrollen und Dreiecke ausradeln. Von der Breitseite zur Spitze hin aufrollen und halbmondförmig biegen. Auf das Blech setzen und 25–30 Minuten im Ofen goldgelb backen. Noch heiß in Zucker und Vanillezucker wenden.

Nusshörnchen

nusshörnchen

FÜR DEN TEIG

250 g Mehl
250 g Magerquark, abgetropft
250 g kalte Butter,
in Stückchen geschnitten

FÜR DIE FÜLLUNG

100 g gemahlene Walnusskerne
60 g Zucker
120 g Sahne

50 g Butter, zerlassen zum Bestreichen

Teigrädchen

Für den Teig alle Zutaten etwa 1 Stunde kalt stellen. Das Mehl mit Quark und Butter rasch zu einem glatten Teig verarbeiten. Im Kühlschrank 1 Stunde ruhen lassen.

Ein Blech mit Backpapier auslegen und den Backofen auf 200 °C vorheizen.

Den Teig etwa 1 cm dick auswellen und zu drei Schichten zusammenklappen. Von den Schmalseiten wieder zu einem Rechteck ausrollen. Auf diese Weise 3 Touren schlagen, bei Bedarf zwischendurch kalt stellen.

Für die Füllung die Nüsse mit Zucker und 4 EL Sahne mischen.

Den Teig 2–3 mm dick ausrollen und Dreiecke ausradeln. Mit der restlichen Sahne bestreichen. In die Mitte der Teigstücke je 1 TL der Nussmischung setzen. Von der Breitseite zur Spitze hin aufrollen und halbmondförmig biegen. Mit zerlassener Butter bestreichen. Auf das Blech geben und 25–30 Minuten im Ofen goldgelb backen.

Natürlich können auch Haselnusskerne verwendet werden!

900 800 700 600 500 400
Neigungstafelwaage
Schick
Waage

Bäuerin & Hauswirtschafterin

Im Jahr 1941 war es nass und kalt, es hat »geregnet, geregnet und geregnet« – und Nanette half mit 14 Jahren bei der Ernte mit. Mühsam mähte sie mit ihren Eltern zusammen das Getreide mit der Sichel ab, bündelte es zu Garben und stellte sie zum Trocknen auf. Wegen des viel zu schlechten Wetters mussten die Bündel aber immer wieder hingelegt, aufgeschnitten und neu zusammengebunden werden, bis jede helfende Hand vor Schmerzen krampfte und man abends völlig entkräftet ins Bett fiel. »Ich, ich werd' mal ka Bäuerin!«, soll Nanette geschimpft haben, und doch erzählt ihre Geschichte schließlich etwas anderes.

Zuerst besuchte sie die Landfrauenschule in Blaubeuren, 1959 machte Nanette ihre Meisterprüfung in Hauswirtschaft und durfte daraufhin auf ihrem Hof Lehrlinge ausbilden – so verhalf sie in ihrem Leben mehr als dreißig jungen Menschen zum Berufseinstieg in der Hauswirtschaft. Mit ihnen bereitete sie im Gasthaus die Mahlzeiten vor, pflegte den Garten und kümmerte sich um das Vieh. Außerdem schulte sie die Lehrlinge im Waschen, Bügeln und Nähen. Zur hauswirtschaftlichen Ausbildung gehörten schließlich auch ein Melkkurs und ein Lehrgang zum Hühnerschlachten. »Den Schlachtkurs musste ich auch mitmachen, obwohl ich ihn, wie die meisten von uns, sehr schlimm fand. Aber auch das hat halt dazugehört«, berichtet Gerlinde.

hefeblätterteighörnchen

FÜR DEN TEIG

500 g Mehl
¾ Würfel Hefe
250 ml lauwarme Milch
60 g weiche Butter
65 g Zucker
2 Eier
1 Prise Salz

Teigrädchen

250 g kalte Butter,
in Scheiben geschnitten
zum Einschlagen

FÜR DIE FÜLLUNG

100 g gemahlene Haselnusskerne
60 g Zucker
4 EL Sahne

Alle Zutaten Raumtemperatur annehmen lassen. Für den Teig das Mehl in eine Schüssel sieben, in die Mitte eine Mulde drücken und die Hefe hineinbröckeln. 1 EL Zucker darüberstreuen und beides mit 4 EL Milch und wenig Mehl vom Rand zu einem Vorteig anrühren. Abgedeckt an einem warmen Ort etwa 15 Minuten gehen lassen.

Die restlichen Zutaten in den Teig einarbeiten und kräftig verkneten, bis dieser glatt und geschmeidig ist und sich vom Schüsselboden löst.

Den Teig etwa 8 mm dick ausrollen. Eine Hälfte mit der kalten Butter belegen, die andere Hälfte darüberklappen. Zur offenen Seite hin 1 cm dick ausrollen. Enden nach innen schlagen und noch mal zur Mitte hin ausrollen. 30 Minuten kalt stellen und 2–3 Mal wiederholen.

Für die Füllung die Nüsse mit Zucker und Sahne mischen.

Ein Blech mit Backpapier auslegen und den Backofen auf 200 °C vorheizen.

Den Teig 5 mm dick vorsichtig auswellen und Dreiecke ausradeln. In die Mitte je 1 TL Nussfüllung setzen. Von der Breitseite zur Spitze hin aufrollen und halbmondförmig biegen. Auf das Blech geben und 25–30 Minuten im Ofen goldgelb backen.

gefüllte quarktörtchen

250 g Mehl
1 Prise Salz
250 g Magerquark, abgetropft
250 g Butter, fein geschnitten
Heidelbeerkonfitüre

Puderzucker zum Bestäuben
200 g Sahne zum Servieren

2 runde Ausstechförmchen (à 3 und 5 cm Ø)

Alle Zutaten etwa 1 Stunde kalt stellen. Das Mehl mit Salz, Quark und Butter rasch zu einem glatten Teig verarbeiten. Im Kühlschrank 1 Stunde ruhen lassen.

Ein Blech mit Backpapier auslegen und den Backofen auf 200 °C vorheizen.

Den Teig etwa 1 mm dick auswellen und mit der größeren Ausstechform Kreise ausstechen. Aus der Hälfte der Plätzchen mit der kleineren Ausstechform mittig einen Kreis ausstechen. Je ein gelochtes Plätzchen auf ein ungelochtes legen, in die Mitte einen Klecks Marmelade setzen und 15–20 Minuten im Ofen backen.

Die Sahne steif schlagen und die abgekühlten Törtchen mit Puderzucker bestäuben. Jeweils etwas Sahne in die Törtchen füllen und servieren.

Dem Quarkblätterteig müssen keine Touren gegeben werden – ideal, wenn's schnell gehen muss!

Aufgaben als Kreisbäuerin

Als Nanette im Jahr 1962 zur Kreisbäuerin gewählt wurde, kam zur Arbeit am Hof und mit den Kindern noch eine Vielzahl weiterer Verpflichtungen hinzu, die sie zwar beflissen erfüllte, die aber auch einen unvorstellbaren Einsatz von ihr forderten. Schließlich würde sie später einmal sagen, sie habe gar nicht gewusst, was sie sich mit diesem Amt aufgeladen hatte. Da half es auch nichts, dass ihr Mann sie zu warnen versuchte, denn seine Worte und ihr Starrsinn endeten damals flugs im »ärgsten Ehekrach«, den die beiden je hatten. »Du bist doch verrückt geworden, wie kannst du so ein Amt annehmen? Weißt du nicht, was da auf dich zukommt?«, soll er gescholten haben, während sie unbeirrt an ihrem Entschluss festhielt.

So organisierte Nanette nicht nur Koch- und Backkurse, in denen sie auch selbst ihr Können zum Besten gab, sondern half ebenso bei der Ausrichtung von Näh- und Schwimmkursen und setzte sich für ein ausgewogenes Angebot an Veranstaltungen zu vielen alltäglichen Fragen der Landfrauen ein: Wie schone ich bei der harten Arbeit in Haus und Hof Gelenke und Rücken? Was gibt es bei der Kälberaufzucht zu beachten, was bei der Schweinehaltung und was bei der Reinigung meiner Melkgeräte? Wer Nanette um Hilfe fragte, konnte sicher sein, Unterstützung zu bekommen, und wer sich von ihr einen Kuchen wünschte, hörte nur: »Des machma, glei gschehn!«, und schon verschwand sie in der Küche und rührte den Teig an. Für ihren nimmermüden Einsatz wurden ihr neben zahlreichen berufsständischen Auszeichnungen sogar das Bundesverdienstkreuz am Bande und die Landkreismedaille verliehen.

»Sie war ein Stehaufmännla«, seufzt die heutige Leiterin des Landfrauenchors, den Nanette zusammen mit der Volkstanzgruppe im Jahr 1983 gegründet hatte. »An ihrem 91. Geburtstag ging es ihr nicht gut. Sie hatte die Tage davor im Krankenhaus verbracht, aber als am Nachmittag die Gäste eintrafen, blühte sie sichtlich auf – und war danach wieder völlig erschöpft.« Es war ihr letzter Geburtstag.

käsegebäck

250 g Mehl
1 Prise Salz
250 g kalte Butter,
in Stückchen geschnitten
250 g geriebener Käse
(z. B. Emmentaler)
1 Eigelb, verquirlt zum Bestreichen

nach Belieben:
Mandeln, Kümmel,
Paprikapulver, Sesam,
Mohn und/oder Pistazien

Für den Teig das Mehl auf die Arbeitsfläche sieben, in die Mitte eine Mulde drücken und Salz, Butter und Käse hineingeben. Rasch zu einem glatten Teig verkneten und 30 Minuten kalt stellen.

Ein Blech mit Backpapier auslegen und den Backofen auf 180 °C vorheizen.

Den Teig etwa 1–2 mm dick auswellen, mit Eigelb bestreichen und in Rauten schneiden oder kleine Förmchen ausstechen. Nach Belieben mit Gewürzen bestreuen, auf das Blech setzen und etwa 15 Minuten im Ofen hell backen.

Ferdinandeln

ferdinandeln

FÜR DEN TEIG

300 g Mehl
¾ Würfel Hefe
5 EL Zucker
75 ml lauwarme Milch
125 g Butter
2 Eier
½ TL Salz
100 g gehackte Haselnusskerne (nach Belieben)
Butterschmalz, zerlassen zum Wenden

FÜR DEN GUSS

100 ml Milch
3 EL Zucker
1 Pck. Vanillezucker

Auflaufform

Alle Zutaten Raumtemperatur annehmen lassen. Für den Teig das Mehl in eine Schüssel sieben, in die Mitte eine Mulde drücken und die Hefe hineinbröckeln. 3 EL Zucker darüberstreuen und beides mit 3 EL Milch und wenig Mehl vom Rand zu einem Vorteig anrühren. Abgedeckt an einem warmen Ort etwa 10 Minuten gehen lassen.

Die Butter mit dem restlichen Zucker schaumig rühren und beiseitestellen.

Eier, Salz und restliche Milch in den Vorteig einarbeiten und kräftig verkneten, bis der Teig glatt und geschmeidig ist und sich vom Schüsselboden löst. Den Teig ausrollen (50 cm x 70 cm) und mit der Butterschaummasse bestreichen. Nach Belieben Haselnusskerne darüberstreuen. An der Längsseite aufrollen und in insgesamt 20 Stücke schneiden. Im Butterschmalz wenden und in Abständen in eine Auflaufform setzen. Abgedeckt 30 Minuten gehen lassen.

Den Backofen inzwischen auf 190 °C vorheizen. Die Ferdinandeln anschließend 30 Minuten darin backen.

Für den Guss Milch, Zucker und Vanillezucker miteinander verrühren und aufkochen. Über die Ferdinandeln gießen und bei ausgeschaltetem Ofen etwa 10 Minuten einziehen lassen.

Buchteln

buchteln

500 g Mehl
1 Würfel Hefe
100 g Zucker
125 ml lauwarme Milch
125 g Butter
1 Ei
1 Eigelb
1 Prise Salz

100 g Butter, zerlassen für die Form
und zum Bestreichen
Puderzucker zum Bestäuben

Alle Zutaten Raumtemperatur annehmen lassen. Das Mehl in eine Schüssel sieben, in die Mitte eine Mulde drücken und die Hefe hineinbröckeln. 1 EL Zucker darüberstreuen und beides mit 4 EL Milch und wenig Mehl vom Rand zu einem Vorteig anrühren. Abgedeckt an einem warmen Ort etwa 15 Minuten gehen lassen.

Die restlichen Zutaten in den Teig einarbeiten und kräftig verkneten, bis dieser glatt und geschmeidig ist und sich vom Schüsselboden löst. Vom Teig Stücke abnehmen und zu runden Nudeln formen.

Etwa zwei Drittel der Butter in eine Bratreine geben, die Buchteln darin wenden und hineinsetzen. Mit der restlichen Butter bestreichen. Abgedeckt weitere 30 Minuten gehen lassen.

Den Backofen inzwischen auf 180 °C vorheizen und die Buchteln anschließend 30–40 Minuten darin backen. Vor dem Servieren mit Puderzucker bestreuen.

Die Buchteln können auch mit Apfelschnitzen oder Kirschen gefüllt werden. Sehr gut schmecken sie, wenn sie vor dem Backen noch in Zucker und Zimt gewendet werden.

Hefemaultaschen

hefemaultaschen

FÜR DEN TEIG

500 g Mehl
1 Würfel Hefe
100 g Zucker
125 ml lauwarme Milch
125 g Butter
1 Ei
1 Eigelb
1 Prise Salz

FÜR DIE FÜLLUNG

700 g Äpfel, geschält, Kerngehäuse entfernt und klein geschnitten
80 g Rosinen
4 EL Zucker
1 TL Zimt

100 g Butter, zerlassen zum Bestreichen

Puderzucker zum Bestäuben

Alle Zutaten Raumtemperatur annehmen lassen. Für den Teig das Mehl in eine Schüssel sieben, in die Mitte eine Mulde drücken und die Hefe hineinbröckeln. 1 EL Zucker darüberstreuen und beides mit 4 EL Milch und wenig Mehl vom Rand zu einem Vorteig anrühren. Abgedeckt an einem warmen Ort etwa 15 Minuten gehen lassen.

Die restlichen Zutaten in den Teig einarbeiten und kräftig verkneten, bis dieser glatt und geschmeidig ist und sich vom Schüsselboden löst.

Vom Teig Stücke abnehmen, etwa tellergroße dünne Flecken ausrollen und mit etwa 40 g der zerlassenen Butter bestreichen. Für die Füllung Äpfel, Rosinen, Zucker und Zimt mischen, auf die Teigflecken geben und diese der Breite nach aufrollen. Mit der restlichen Butter bepinseln. In eine Bratreine setzen und abgedeckt weitere 20 Minuten gehen lassen.

Den Backofen inzwischen auf 180 °C vorheizen und die Maultaschen anschließend 30 Minuten darin backen. Aus der Reine stürzen. Vor dem Servieren mit Puderzucker bestäuben.

Die Maultaschen können auch mit Zwetschgen oder Kirschen gefüllt werden.

Apfelbaunzer

1 kg Äpfel, geschält,
Kerngehäuse entfernt
und klein geschnitten
65 g Zucker
3 TL Zimt
200 g Mehl
½ TL Salz
1 kg festkochende Kartoffeln,
gekocht und durch die
Presse gedrückt
2 EL Butterschmalz

Die Äpfel mit Zucker und Zimt mischen und mit Mehl und Salz unter die Kartoffeln kneten.

Den Backofen auf 150 °C vorheizen.

Das Butterschmalz in einer Pfanne erhitzen. Aus der Kartoffel-Apfel-Masse dicke Rollen formen und kurz anbraten. Dann in eine Form schichten und etwa 60 Minuten im Ofen backen.

Solche Apfelbaunzer gab es zur Apfelzeit bei manchen Bauern jeden Tag – dann kamen sie als vollwertige Mahlzeit auf den Tisch.

Osterlamm

120 g weiche Butter
120 g Zucker
1 Pck. Vanillezucker
2 Eier
170 g Speisestärke
½ Pck. Backpulver
1–2 EL Milch

Butter und Semmelbrösel für die Form
2 Rosinen oder Zuckerperlen als Augen
Puderzucker zum Bestäuben

Lammform

Den Backofen auf 175 °C vorheizen.

Die Butter mit Zucker, Vanillezucker und Eiern schaumig schlagen. Speisestärke und Backpulver mischen und darübersieben. So viel Milch unter den Teig rühren, dass er weich vom Löffel fällt.

Eine Lammform gut einfetten und mit Semmelbröseln ausstreuen. Etwa 30–40 Minuten im Ofen backen. Sofort mit 2 Rosinen oder Zuckerperlen garnieren, nach dem Erkalten mit Puderzucker bestäuben.

Osterbrot

500 g Mehl
1 Würfel Hefe
50 g Zucker
125 ml lauwarme Milch
250 g Butter
1 Pck. Vanillezucker
1 Prise Salz
100 g gehackte Mandeln
250 g Rosinen

1 Eigelb, verquirlt zum Bestreichen

Alle Zutaten Raumtemperatur annehmen lassen. Das Mehl in eine Schüssel sieben, in die Mitte eine Mulde drücken und die Hefe hineinbröckeln. 1 EL Zucker darüberstreuen und beides mit 4 EL Milch und wenig Mehl vom Rand zu einem Vorteig anrühren. Abgedeckt an einem warmen Ort etwa 15 Minuten gehen lassen.

Die Butter mit dem restlichen Zucker, Vanillezucker, Salz und der noch übrigen Milch zum Vorteig geben und den Teig gut kneten, bis er Blasen wirft. Zuletzt Mandeln und Rosinen einarbeiten. 60 Minuten gehen lassen.

Ein Blech mit Backpapier auslegen und den Backofen auf 190 °C vorheizen.

Aus dem Teig einen ovalen Laib formen und auf das Blech setzen. Etwa 30 Minuten im Ofen backen. Dann mit dem Eigelb bestreichen und weitere 25 Minuten backen.

zu weihnachten

Die schönste Zeit des Jahres begann im Bauhof alljährlich mit einem Wettlauf gegen die Zeit: Schließlich waren jede Menge verschiedene Plätzchensorten zu backen, damit an den Adventsabenden in der Gaststube die Plätzchenteller gut gefüllt waren. Während Nanette in ihrer Küche den Teig ansetzte, saßen ihre fünf Enkel voller Vorfreude mit am Tisch und versuchten unter ihren wachsamen Augen etwas davon abzuzwacken. Das sah sie aber gar nicht gern! Dafür wusste sie genau, wer welches Gebäck am liebsten naschte und schenkte nach ihrem Backmarathon jedem ihrer Kinder und Enkelkinder gleich eine ganze Dose von der Lieblingssorte.

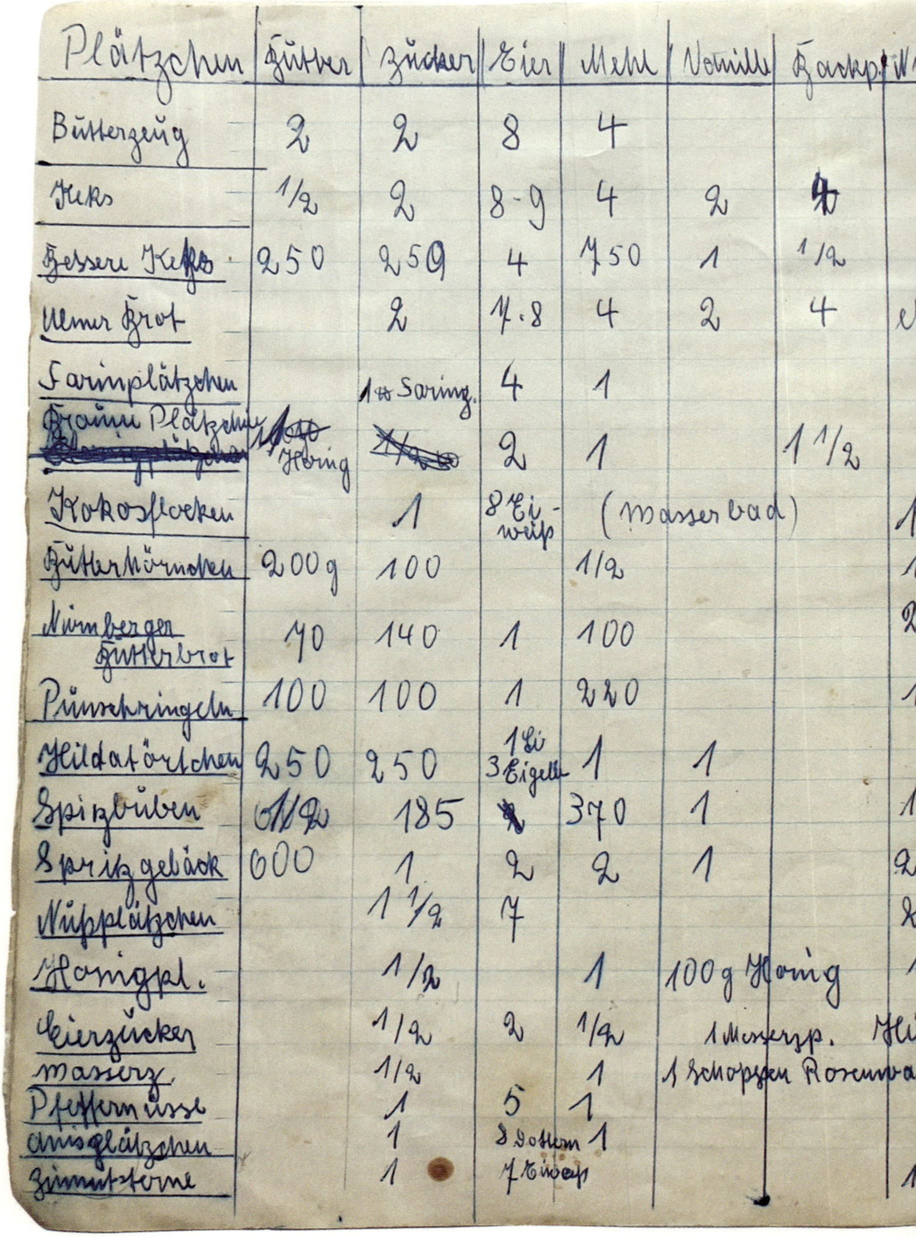

Plätzchen	Butter	Zucker	Eier	Mehl	Vanille	Backp.	W…
Butterzeug	2	2	8	4			
Keks	1/2	2	8-9	4	2	4	
Bessere Keks	250	250	4	750	1	1/2	
Ulmer Brot		2	7-8	4	2	4	[illegible]
Sarinplätzchen		1 ℔ Saring.	4	1			
Braune Plätzchen ~~[illegible]~~	~~1~~ Honig	~~[illegible]~~	2	1		1 1/2	
Kokosflocken		1	8 Eiweiß	(Wasserbad)			1
Butterhörnchen	200 g	100		1/2			1
Nürnberger Butterbrot	70	140	1	100			2
Punschringeln	100	100	1	220			1
Hildatörtchen	250	250	1 Ei 3 Eigelb	1	1		
Spitzbuben	1/2	185	~~[illegible]~~	370	1		1
Spritzgebäck	600	1	2	2	1		2
Nußplätzchen		1 1/2	7				2
Honigpl.		1/2		1	100 g Honig		1
Eierzucker		1/2	2	1/2	1 Messersp. Hi…		
Wasserz.		1/2		1	1 Schoppen Rosenwa…		
Pfeffernüsse		1	5	1			
Anisplätzchen		1	8 Dotter	1			
Zimtsterne		1	7 Eiweiß				1

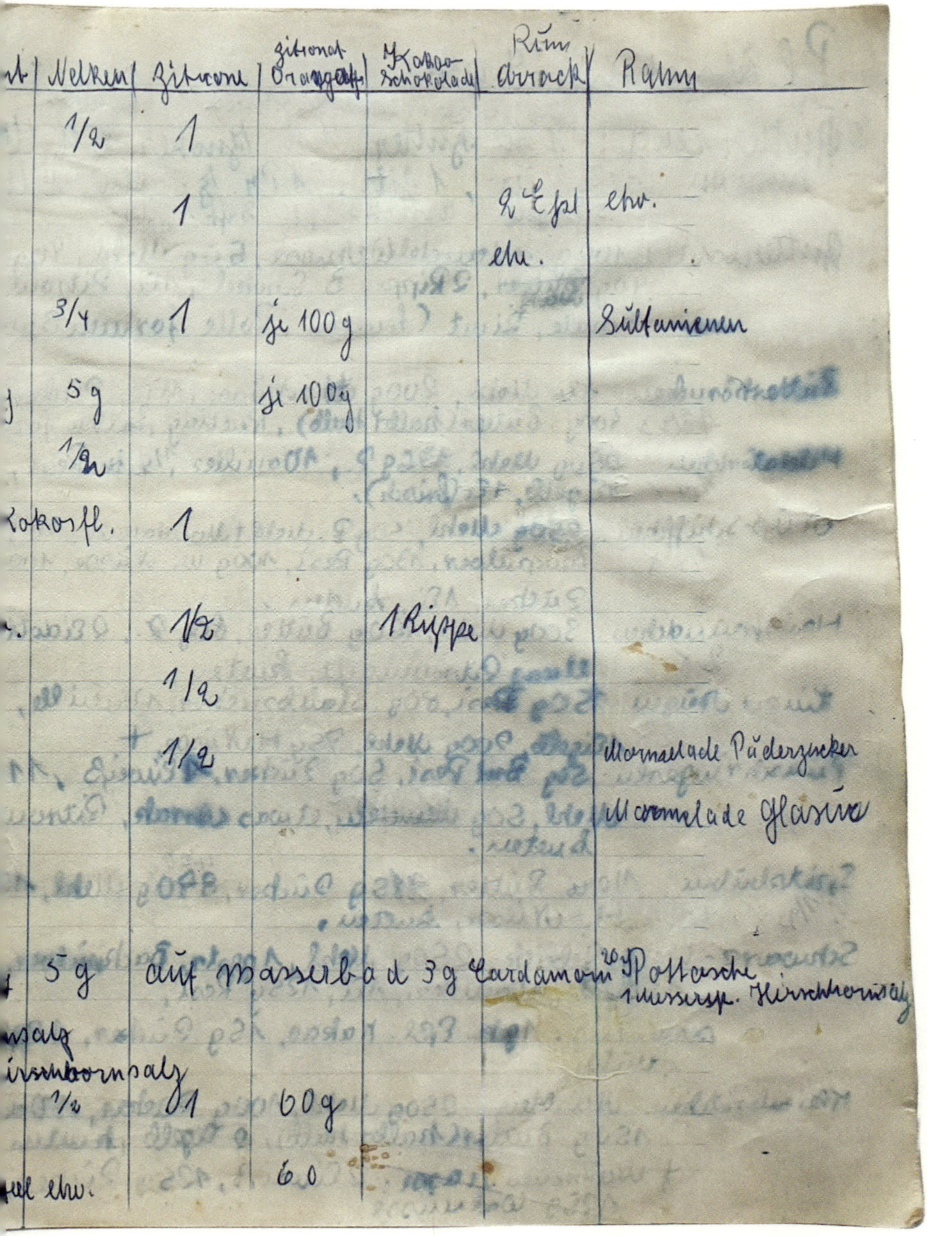

…t	Nelken	Zitrone	Zitronat Orangeat	Kakao Schokolade	Rum Arrack	Rahm
	1/2	1				
		1			2 Eßl	etw.
					etw.	
	3/4	1	je 100 g			Sultaninen
…g	5 g		je 100 g			
	1/2					
Kokosfl.		1				
…		1/2		1 Rippe		
		1/2				
		1/2				Marmelade Puderzucker
						Marmelade Glasur
…t	5 g	auf Wasserbad 3 g Cardamom				20 g Pottasche 1 Messersp. Hirschhornsalz
…salz						
…irschhornsalz						
	1/2	1	60 g			
…el etw.			60			

Lebkuchen

lebkuchen

140 g Margarine
300 g Zucker
1 Pck. Vanillezucker
4 Eier
2 TL Zimt
2 TL Kakao
2 Msp. gemahlene Nelken
1 Prise Kardamom
200 g Zitronat
200 g Orangeat
200 g gemahlene Haselnusskerne
500 g Mehl
1 Pck. Backpulver
250 ml Milch
2 EL Rum
Backoblaten (7 cm Ø)
Schokoglasur

Ein Blech mit Backpapier auslegen und den Backofen auf 170 °C vorheizen.

Margarine, Zucker, Vanillezucker und Eier schaumig rühren. Die übrigen Zutaten untermengen.

Den Teig auf die Backoblaten streichen, auf das Blech legen und etwa 20 Minuten im Ofen backen.

Abschließend mit Schokoglasur überziehen.

schnelle walnusskugeln

150 g gemahlene Walnusskerne
150 g Puderzucker
1 ½ EL Kirschwasser
75 g Zartbitterschokolade
75 g Walnusskernhälften

Pralinengabel

Ein Blech mit Backpapier auslegen und den Backofen auf 175 °C vorheizen.

Gemahlene Walnusskerne, Puderzucker und Kirschwasser mischen. Aus der Masse Kugeln formen, auf das Blech setzen und 6–8 Minuten im Ofen backen.

Die Zartbitterschokolade in einem Topf im Wasserbad schmelzen. Die Walnusskugeln noch heiß mithilfe einer Pralinengabel in die Schokolade tauchen und mit je 1 Walnusshälfte garnieren.

Quarkstollen

quarkstollen

125 g Butter
150 g Zucker
1 Pck. Vanillezucker
2 Eier
500 g Mehl
1 Pck. Backpulver
250 g Quark (40 % Fett), abgetropft
1 Prise Salz
Abrieb und Saft von 1 Bio-Zitrone
100 g gemahlene Mandeln
100 g Rosinen
50 g Zitronat, fein gehackt
50 g Orangeat, fein gehackt

50 g Butter, zerlassen zum Bestreichen
Puderzucker zum Bestäuben

Butter, Zucker, Vanillezucker und Eier schaumig rühren. Mehl mit Backpulver mischen und nach und nach untermengen. Den Quark hinzufügen und die restlichen Zutaten unterkneten. 1 Stunde kühl stellen.

Ein Blech mit Backpapier auslegen und den Backofen auf 180 °C vorheizen.

Aus dem Teig einen Stollen formen: Oval ausrollen, in der Mitte flach drücken und eine Hälfte über die andere schlagen. Auf das Blech setzen und etwa 55 Minuten im Ofen backen.

Noch heiß mit zerlassener Butter bestreichen und dick mit Puderzucker bestäuben. Erkalten lassen und bis zum Verzehr in Alufolie einschlagen.

Weihnachtsstollen

weihnachtsstollen

500 g Mehl
1 ¼ Würfel Hefe
100 g Zucker
125 ml lauwarme Milch
100 g Zitronat, klein gehackt
40 g Orangeat, klein gehackt
150 g Sultaninen
100 g Mandelstifte
3 EL Rum

50 g Butter
100 g Butterschmalz
1 Ei
Abrieb von 1 Bio-Zitrone
½ TL Salz

50 g Butter, zerlassen zum Bestreichen
Puderzucker zum Bestäuben

Alle Zutaten Raumtemperatur annehmen lassen. Das Mehl in eine Schüssel sieben, in die Mitte eine Mulde drücken und die Hefe hineinbröckeln. 3 EL Zucker darüberstreuen und mit 5 EL Milch und wenig Mehl vom Rand zu einem Vorteig anrühren. Abgedeckt an einem warmen Ort etwa 20 Minuten gehen lassen.

Zitronat, Orangeat, Sultaninen und Mandelstifte im Rum tränken.

Die restlichen Zutaten in den Teig einarbeiten und kräftig verkneten, bis dieser glatt und geschmeidig ist und sich vom Schüsselboden löst. Abgedeckt an einem warmen Ort weitere 2 Stunden gehen lassen, bis der Teig das Doppelte seines Volumens erreicht hat.

Aus dem Teig einen Stollen formen: Oval ausrollen, in der Mitte flach drücken und eine Hälfte über die andere schlagen. Auf ein mit Backpapier ausgelegtes Blech setzen. Abgedeckt nochmals 30 Minuten gehen lassen.

Den Backofen auf 180 °C vorheizen und den Stollen etwa 45 Minuten darin backen. Noch heiß mit zerlassener Butter bestreichen und dick mit Puderzucker bestäuben. Erkalten lassen und bis zum Verzehr in Alufolie einschlagen.

Kühl gelagert ist der Stollen bis zu 3 Wochen haltbar.

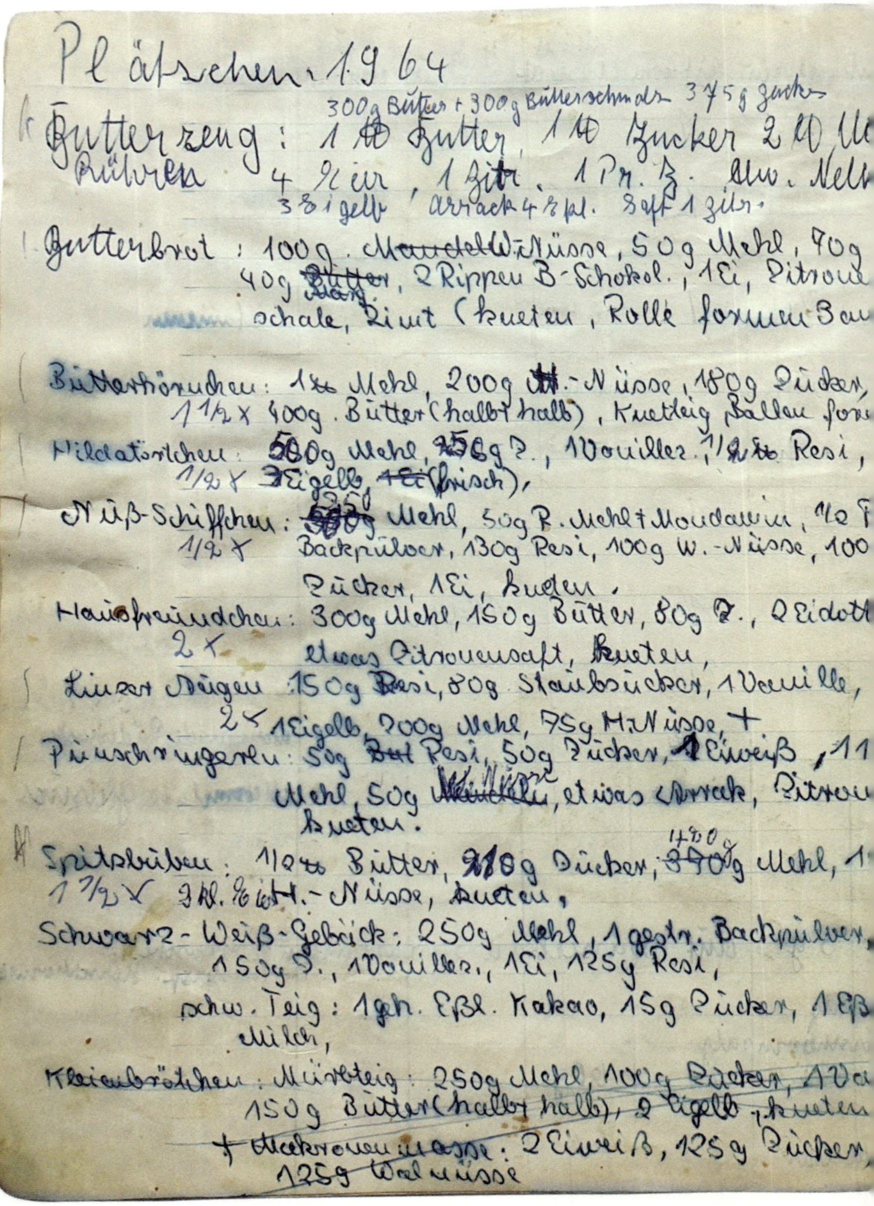

Plätzchen 1964

300 g Butter + 300 g Butterschmalz 375 g Zucker
Butterzeug: 1 ℔ Butter, 1 ℔ Zucker 2 ℔ Me
Rühren 4 Eier, 1 Zitr. 1 Pr. Z. [illegible] Nel
3 Eigelb Arrack 4 Espl. Saft 1 Zitr.

Butterbrot: 100 g ~~Mandeln~~ W.-Nüsse, 50 g Mehl, 70 g
40 g ~~Butter~~ Marg., 2 Rippen B-Schokol., 1 Ei, Zitrone
schale, Zimt (kneten, Rolle formen Bau

Butterhörnchen: 1 ℔ Mehl, 200 g H.-Nüsse, 180 g Zucker,
1 1/2 x 400 g Butter (halb + halb), Knetteig, Ballen form

Hildatörtchen: 500 g Mehl, 250 g Z., 1 Vanille, 1/2 ℔ Resi,
1/2 x ~~3~~ Eigelb, ~~1 Ei~~ (frisch),

Nuß-Schiffchen: ~~500~~ 250 g Mehl, 50 g R. Mehl + Mondamin, 1/2 P
1/2 x Backpulver, 130 g Resi, 100 g W.-Nüsse, 100
Zucker, 1 Ei, kneten.

Hausfreundchen: 300 g Mehl, 150 g Butter, 80 g Z., 2 Eidott
2 x etwas Zitronensaft, kneten,

Linzer Augen: 150 g ~~Resi~~, 80 g Staubzucker, 1 Vanille,
2 x 1 Eigelb, 200 g Mehl, 75 g H.-Nüsse, +

Punschringerln: 50 g ~~But~~ Resi, 50 g Zucker, 1 Eiweiß, 11
Mehl, 50 g ~~Mandeln~~ Nüsse, etwas Arrak, Zitron
kneten.

Spitzbuben: 1/2 ℔ Butter, ~~210~~ g Zucker, ~~370~~ 400 g Mehl, 1
1 1/2 x 2 Pk. [illegible] H.-Nüsse, kneten,

Schwarz-Weiß-Gebäck: 250 g Mehl, 1 gestr. Backpulver,
150 g Z., 1 Vanille, 1 Ei, 125 g Resi,
schw. Teig: 1 geh. Eßl. Kakao, 15 g Zucker, 1 Eß
Milch,

~~Kleinbrötchen: Mürbteig: 250 g Mehl, 100 g Zucker, 1 Va~~
~~150 g Butter (halb + halb), 2 Eigelb, kneten~~
~~+ Makronenmasse: 2 Eiweiß, 125 g Zucker,~~
~~125 g Walnüsse~~

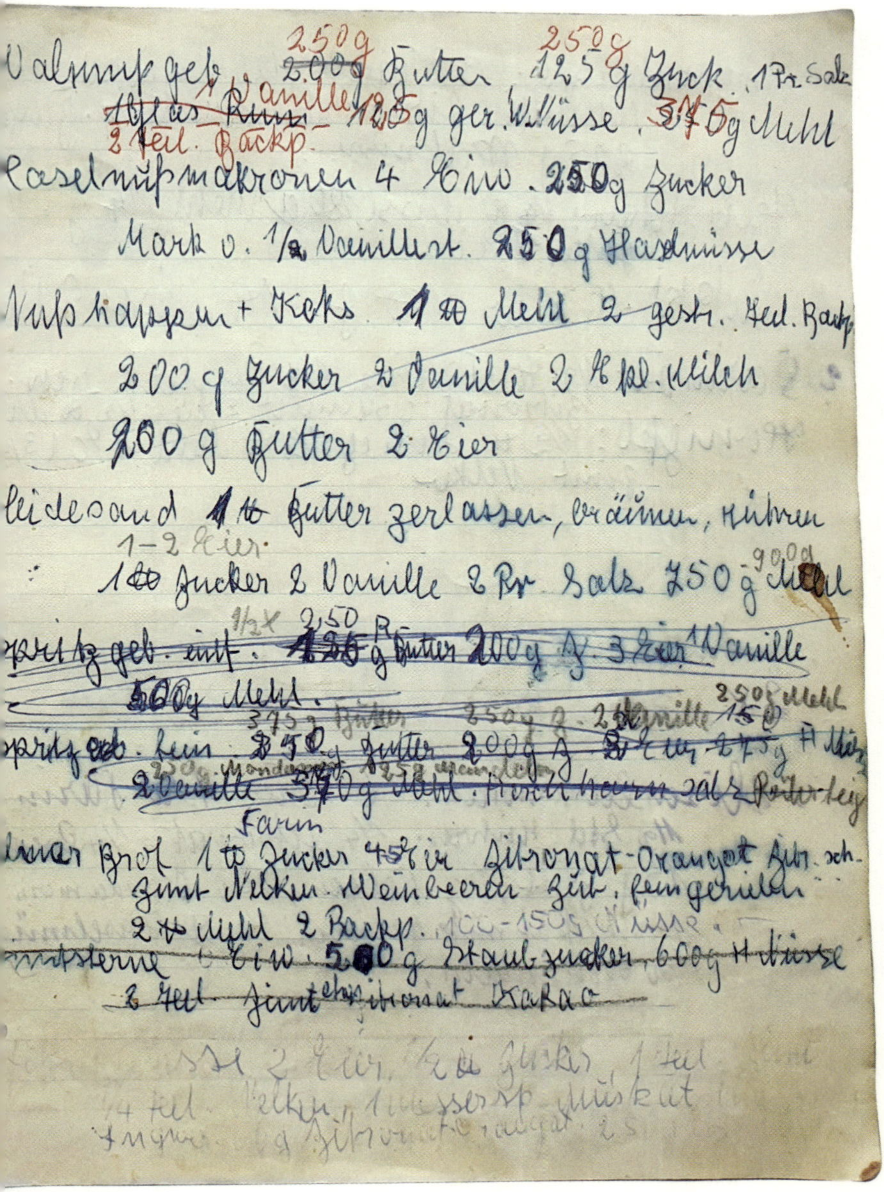
Walnußgeb. ~~200 g~~ 250 g Butter ~~125 g~~ 250 g Zuck. 1 Pr. Salz
~~1 Glas Rum~~ 1 Vanille ~~125~~ g ger. Nüsse ~~375~~ g Mehl
2 Teel. Backp.
Haselnußmakronen 4 Eiw. 250 g Zucker
Mark v. 1/2 Vanillest. 250 g Haselnüsse
Nußtaschen + Keks 1 ℔ Mehl 2 gestr. Teel. Backp.
200 g Zucker 2 Vanille 2 Eßl. Milch
200 g Butter 2 Eier
Heidesand 1 ℔ Butter zerlassen, bräunen, rühren
1–2 Eier
1 ℔ Zucker 2 Vanille 2 Pr. Salz 750 g 900 g Mehl
~~Spritzgeb. einf. 1/2 × 250 R. 125 g Butter 200 g Z. 3 Eier 1 Vanille~~
~~500 g Mehl.~~
250 g Mehl
~~Spritzgeb. fein 250 g Butter 200 g Z. 2 Eier 275 g Mehl~~
~~2 Vanille 375 g Mehl. Mandeln Salz~~
Farin
Zimmetbrot 1 ℔ Zucker 4 Eier Zitronat-Orangeat Zitr. sch.
Zimt Nelken Weinbeeren Zit. fein gerieben
2 ℔ Mehl 2 Backp. 100–150 g Nüsse
~~Zimtsterne 6 Eiw. 500 g Staubzucker 600 g Nüsse~~
~~2 Teel. Zimt Zitronat Kakao~~
2 Eier 1/2 ℔ Zucker 1 Teel.
1/4 Teel. Nelken 1 Messersp. Muskat
Zitronat Orangeat 25

Butterplätzchen

butterplätzchen

FÜR DEN TEIG

1 kg Mehl
500 g weiche Butter
500 g Zucker
2 Pck. Vanillezucker
8 Eigelb

ZUM GARNIEREN

250 g Puderzucker
2 EL Zitronensaft
bunte Zuckerstreusel

Ausstechförmchen nach Belieben

Für den Teig das Mehl auf die Arbeitsfläche sieben, in die Mitte eine Mulde drücken und die restlichen Zutaten hineingeben. Rasch zu einem glatten Teig verkneten und 30 Minuten kalt stellen.

Ein Blech mit Backpapier auslegen und den Backofen auf 200 °C vorheizen.

Den Teig etwa 2 mm dick ausrollen, Plätzchen ausstechen und auf das Blech setzen. Etwa 10 Minuten im Ofen goldgelb backen.

Den Puderzucker mit Zitronensaft und etwas Wasser anrühren. Den Guss auf die Plätzchen streichen und mit Zuckerstreuseln bestreuen.

Sind die Teigreste nach dem Ausstechen sehr bröselig, einfach mit etwas weicher Butter wieder geschmeidig kneten.

Mit Marmelade bestrichen können die Plätzchen auch zu Spitzbuben zusammengesetzt werden.

Walnussplätzchen

walnussplätzchen

FÜR DEN TEIG

200 g weiche Butter
125 g Zucker
1 ½ EL Rum
250 g Mehl
1 Prise Salz
100 g gemahlene Walnusskerne

ZUM GARNIEREN

Aprikosenkonfitüre
100 g Puderzucker
2 EL Rum
ca. 100 g Walnusskernhälften

runde Ausstechförmchen

Die Butter mit Zucker schaumig schlagen und den Rum einfließen lassen. Das Mehl mit etwas Salz mischen, über den Teig sieben und unterrühren. Die Walnüsse dazugeben und alles gut vermengen. Etwa 30 Minuten kalt stellen.

Ein Blech mit Backpapier auslegen und den Backofen auf 175 °C vorheizen.

Den Teig 1–2 mm dick ausrollen, Plätzchen ausstechen und auf das Blech setzen. Etwa 10 Minuten im Ofen backen. Abkühlen lassen.

Zum Garnieren je zwei Plätzchen mit Aprikosenmarmelade bestreichen und zusammensetzen. Den Puderzucker mit Rum und etwas Wasser anrühren und den Guss auf die Plätzchen auftragen. Abschließend mit je 1 Walnusshälfte verzieren.

Vanillekipferl

vanillekipferl

280 g Mehl
70 g Zucker
200 g kalte Butter,
in Stückchen geschnitten
2 Eigelb
100 g gemahlene Mandeln

5 Pck. Vanillezucker
50 g Puderzucker

Das Mehl mit Zucker mischen, Butter, Eigelbe und Mandeln hinzugeben und rasch zu einem glatten Teig verkneten. 30 Minuten kalt stellen.

Ein Blech mit Backpapier auslegen und den Backofen auf 180 °C vorheizen.

Den Teig zu bleistiftdicken Rollen formen, davon 5 cm lange Stücke abschneiden. Die Enden der Teigstücke zu Spitzen drehen, nach innen biegen und so Kipferl formen. Auf das Blech setzen und 12–15 Minuten im Ofen hell backen.

Inzwischen Vanillezucker und Puderzucker mischen. Die Kipferl noch heiß vorsichtig darin wälzen.

zarte mandelherzen

250 g Butter
120 g Puderzucker
1 Eigelb
350 g Mehl
100 g gemahlene Mandeln
ca. 80 g geschälte Mandelhälften

1 Eigelb zum Bestreichen

Herz-Ausstechform

Die Butter mit Puderzucker und 1 Eigelb schaumig rühren. Das Mehl darübersieben und mit den gemahlenen Mandeln rasch zu einem festen Teig verkneten. Mindestens 2 Stunden kalt stellen.

Ein Blech mit Backpapier auslegen und den Backofen auf 180 °C vorheizen.

Den Teig etwa 5 mm dick ausrollen, Herzen ausstechen und auf das Blech legen.

Das übrige Eigelb verquirlen und die Herzen damit bestreichen. Auf jedes Herz 2 Mandelhälften legen. Etwa 8–10 Minuten im Ofen goldgelb backen.

Weihnachtszeit

Zur Weihnachtszeit lag immer ein herrlicher Duft nach Gewürzen, Orangen und frisch gebackenen Plätzchen in der Luft, und in der Wohnung reihte sich eine Dose mit Süßem an die andere. Schon ab Mitte November, wenn es draußen kälter wurde und die Wiesen frühmorgens meist mit Raureif überzogen waren, bereitete Nanette die Teige für die verschiedenen Plätzchen vor. Sie ließ sie über Nacht ruhen, um am nächsten Tag Blech für Blech der kleinen Köstlichkeiten zu backen. Beim Verzieren der vielen verschiedenen Sorten saßen dann die Frauen, Kinder und Lehrmädchen um den großen Küchentisch und wetteiferten um die schönsten Stücke. Die Stollen und Aniskipfe hingegen wurden daheim nur vorbereitet und dann beim Bäcker Grünbaum im riesigen Holzofen in der Backstube gebacken – schließlich war hier mehr Platz.

Die Plätzchen wurden großzügig verteilt. An die Nachbarn, den Postboten, die Müllfahrer, den Schlotfeger ... »Alle haben eine Tüte voll bekommen«, meint ihre Enkelin Annina. Dann verzieht sie das Gesicht: »Oft hatte Oma so viel gebacken, dass an Ostern noch Plätzchen da waren. Dann gab's Tutti-Frutti-Auflauf. Sie zerbröselte die Plätzchen, tränkte sie mit Süßwein, legte eingemachte Früchte darauf und goss zuletzt Vanillepudding darüber. Es durfte ja nichts verkommen.« »Scheußlich!«, sind sich alle einig. Alle? Ihr Sohn Fritz grinst, denn er hat den Auflauf immer gerne gegessen.

vanillemürbchen

250 g Mehl
175 g kalte Butter,
in Stückchen geschnitten
2 Pck. Vanillezucker
5 EL saure Sahne

Dosenmilch zum Bestreichen
Hagelzucker zum Verzieren

runde Ausstechförmchen (4 cm und 6 cm Ø)

Das Mehl auf die Arbeitsfläche sieben, in die Mitte eine Mulde drücken und die restlichen Zutaten hineingeben. Rasch zu einem glatten Teig verkneten und 30 Minuten kalt stellen.

Den Teig 0,5 cm dick ausrollen und Plätzchen von 6 cm Ø ausstechen. Aus diesen wiederum Plätzchen von 4 cm Ø ausstechen, sodass Ringe und rundes Gebäck entstehen. Mit Dosenmilch bestreichen und mit Hagelzucker verzieren.

Zwei Bleche mit Backpapier auslegen und den Backofen auf 200 °C vorheizen.

Runde Plätzchen und Ringe wegen der unterschiedlichen Backzeit jeweils getrennt auf das Blech legen und 10–15 Minuten im Ofen goldgelb backen.

butterzeug

280 g Butterschmalz
210 g Zucker
2 Eigelb
125 ml Weißwein
420 g Mehl
1 Msp. Zimt

Zucker und Zimt zum Wenden

Ausstechförmchen nach Belieben

Das Butterschmalz mit Zucker und Eigelbe schaumig rühren. Den Weißwein einfließen lassen und Mehl und Zimt unterkneten. Mindestens 4 Stunden im Kühlschrank kalt stellen.

Ein Blech mit Backpapier auslegen und den Backofen auf 180 °C vorheizen.

Den Teig etwa 2 mm dick ausrollen, Plätzchen ausstechen und auf das Blech setzen. Etwa 8–10 Minuten im Ofen goldgelb backen. Noch heiß vorsichtig in Zucker und Zimt wenden.

Spritzgebäck

spritzgebäck

375 g Margarine
250 g Zucker
2 Pck. Vanillezucker
1 Ei
125 g gemahlene Mandeln
250 g Mehl
250 g Speisestärke

200 g Zartbitterschokolade zum Verzieren

Spritzbeutel mit Sterntülle

Die Margarine mit Zucker, Vanillezucker und Ei schaumig rühren. Die Mandeln zugeben, Mehl und Speisestärke mischen und darübersieben. Alles gut vermengen und zu einem glatten Teig kneten. Mindestens 4 Stunden kalt stellen.

Ein Blech mit Backpapier auslegen und den Backofen auf 200 °C vorheizen.

Den Teig in einen Spritzbeutel füllen und auf das Blech Ringe, Stangen oder »S« spritzen. Etwa 10 Minuten im Ofen backen. Abkühlen lassen.

Die Zartbitterschokolade in einem Topf im Wasserbad schmelzen. Das Spritzgebäck zur Hälfte in die Schokolade tauchen und trocknen lassen.

Hausfreundchen

hausfreundchen

FÜR DEN TEIG

150 g Mehl
75 g kalte Butter,
in Stückchen geschnitten
40 g Zucker
1 Eigelb

ZUM GARNIEREN

50 g Nuss-Nugat-Masse
50 g Zartbitterschokolade
100 g Walnusskernhälften

Ausstechförmchen nach Belieben

Für den Teig das Mehl auf die Arbeitsfläche sieben, in die Mitte eine Mulde drücken und die restlichen Zutaten hineingeben. Rasch zu einem glatten Teig verkneten und 30 Minuten kalt stellen.

Ein Blech mit Backpapier auslegen und den Backofen auf 160 °C vorheizen.

Den Teig 0,5 cm dick ausrollen und Plätzchen ausstechen. Auf das Blech legen und etwa 10 Minuten im Ofen backen. Abkühlen lassen.

Zum Garnieren die Nuss-Nugat-Masse in einem Topf im Wasserbad leicht erwärmen. Die Hälfte der Plätzchen auf der Unterseite damit bestreichen und mit den restlichen Plätzchen zusammensetzen. Die Zartbitterschokolade in einem Topf im Wasserbad schmelzen und die Hausfreundchen in die Glasur tauchen. Sofort mit je 1 Walnusshälfte verzieren und trocknen lassen.

linzer augen

400 g Mehl
160 g Puderzucker
Mark von einer Vanillestange
150 g gemahlene Mandeln
300 g kalte Butter, in Stückchen geschnitten
1 Eigelb

Konfitüre (z. B. Johannisbeere) zum Bestreichen
Puderzucker zum Bestäuben

runde Ausstechförmchen

Das Mehl auf die Arbeitsfläche sieben, in die Mitte eine Mulde drücken und die restlichen Zutaten hineingeben. Rasch zu einem glatten Teig verkneten und 30 Minuten kalt stellen.

Ein Blech mit Backpapier auslegen und den Backofen auf 175 °C vorheizen.

Den Teig etwa 2 mm dick ausrollen und Plätzchen ausstechen. Die Hälfte davon in der Mitte mit einem 1–2 cm großen Loch versehen. Auf das Blech setzen und etwa 8–10 Minuten im Ofen backen. Abkühlen lassen.

Je 1 gelochtes und 1 ungelochtes Plätzchen mit Konfitüre zusammensetzen. Mit Puderzucker bestäuben.

Linzer Augen

300g Butter
160g Staubzucker
1 Vanillestange
1 Eigelb
400g Mehl
150g geriebene Mandeln

Butter + Staubzucker auf dem Backbrett verarbeiten, Vanillemark und Eigelb dazugeben, zuletzt Mehl + Mandeln untermischen, Teig etw. ruhen lassen, dann gezackte Plätzchen ausstechen, die Hälfte mit dem kleinen Ausstecher Ringe formen und backen (hell) beide Plätzchen mit roter Marmelade zusammensetzen + mit Staubzucker bestreuen

Rumtörtchen

FÜR DEN TEIG

300 g Mehl
2 TL Backpulver
150 g kalte Butter,
in Stückchen geschnitten
100 g Zucker
1 Pck. Vanillezucker
1 Ei

ZUM GARNIEREN

Aprikosenkonfitüre
125 g Puderzucker
2 EL Rum

runde Ausstechform (5 cm Ø)

Für den Teig das Mehl auf die Arbeitsfläche sieben, in die Mitte eine Mulde drücken und die restlichen Zutaten hineingeben. Rasch zu einem glatten Teig verkneten und 1 Stunde kalt stellen.

Ein Blech mit Backpapier auslegen und den Backofen auf 200 °C vorheizen.

Den Teig etwa 3 mm dick ausrollen und runde Plätzchen ausstechen. Auf das Blech setzen und etwa 10 Minuten im Ofen backen. Abkühlen lassen.

Jedes zweite Plätzchen mit der Aprikosenkonfitüre bestreichen und ein unbestrichenes daraufsetzen. Den Puderzucker mit Rum und etwas Wasser anrühren und den Guss auf die Törtchen auftragen.

einfache nussmakronen

8 Eiweiß
400 g Zucker
600 g gemahlene Nüsse (z. B. Haselnusskerne)
Backoblaten (5 cm Ø)

Die Eiweiße steif schlagen. Den Zucker einrieseln lassen und die Haselnusskerne unterheben.

Den Backofen auf 200 °C vorheizen.

Ein Blech mit Backoblaten belegen.

Teig abnehmen und je 1 TL davon auf die Backoblaten setzen. Etwa 15–20 Minuten im Ofen backen.

weiche mandelmakronen

2 Eiweiß (Größe S)
200 g Zucker
250 g gemahlene Mandeln
4 Tropfen Bittermandelaroma
2 Msp. Zimt
50 g Mandelblättchen
Backoblaten (5 cm Ø)

Die Eiweiße steif schlagen. Den Zucker einrieseln lassen und die gemahlenen Mandeln unterheben. Aroma und Zimt einarbeiten.

Den Backofen auf 175 °C vorheizen.

Ein Blech mit Backoblaten belegen.

Teig abnehmen und je 1 TL davon auf die Backoblaten setzen. Mit Mandelblättchen garnieren. Etwa 20 Minuten im Ofen backen.

schokoladenmakronen

150 g Zartbitterschokolade
2 Eier
150 g Zucker
300 g gemahlene Mandeln
2 Msp. gemahlener Kardamom
2 Msp. gemahlene Nelken
2 Msp. Zimt
2 Msp. frisch geriebene Muskatnuss
2 EL Kirschwasser
Backoblaten (5 cm Ø)

Die Zartbitterschokolade in einem Topf im Wasserbad schmelzen. Abkühlen lassen. Die Eier mit Zucker schaumig schlagen und Mandeln, Gewürze und Kirschwasser unterrühren. Die Schokolade zugeben und alles gut vermengen.

Den Backofen auf 175 °C vorheizen.

Ein Blech mit Backoblaten belegen.

Teig abnehmen und je 1 TL davon auf die Backoblaten setzen. Etwa 20 Minuten im Ofen backen.

kokosmakronen

4 Eiweiß
Abrieb und Saft von 1 Bio-Zitrone
250 g Zucker
1 Pck. Vanillezucker
250 g Kokosflocken
Backoblaten (5 cm Ø)

Die Eiweiße mit Zitronenabrieb und -saft steif schlagen. Zucker und Vanillezucker einrieseln lassen und die Kokosflocken unterheben.

Den Backofen auf 175 °C vorheizen.

Ein Blech mit Backoblaten belegen.

Teig abnehmen und je 1 TL davon auf die Backoblaten setzen. Etwa 20 Minuten im Ofen backen.

walnussmakronen

4 Eier
500 g Zucker
500 g gemahlene Walnusskerne
2 Pck. Vanillezucker
Backoblaten (5 cm Ø)

Alle Zutaten zu einem festen Teig verrühren.

Den Backofen auf 175 °C vorheizen.

Ein Blech mit Backoblaten belegen.

Teig abnehmen und je 1 TL davon auf die Backoblaten setzen. Etwa 20 Minuten im Ofen backen.

Frankfurter Bethmännchen

frankfurter bethmännchen

1 Eiweiß
Saft von 1 Zitrone
200 g Marzipanrohmasse
150 g Puderzucker
3 EL Rosenwasser
1 Prise Salz
100 g Kartoffelmehl
blanchierte Mandelhälften

1 Eiweiß zum Bestreichen

Ein Blech mit Backpapier auslegen und den Backofen auf 210 °C vorheizen.

Das Eiweiß mit Zitronensaft steif schlagen. Die Marzipanrohmasse mit Puderzucker und Rosenwasser verkneten. Salz und Kartoffelmehl einarbeiten und den Eischnee unterziehen.

Aus der Masse walnussgroße Kugeln formen und auf das Blech setzen. Je 3 Mandelhälften mit den Spitzen nach oben seitlich an jede Kugel drücken. Mit Eiweiß bestreichen.

Etwa 8–10 Minuten im Ofen hellbraun backen. Darauf achten, dass die Bethmännchen nicht zu dunkel werden.

Springerle

4 Eier
Abrieb von ½ Bio-Zitrone
1–2 EL Arrak
500 g Zucker
1 kg Mehl
1 Msp. Hirschhornsalz

Mehl zum Arbeiten

Motiv-Plätzchenform

Die Eier mit Zitronenabrieb und Arrak schaumig schlagen und den Zucker einrieseln lassen. Mehl und Hirschhornsalz kurz unterkneten.

Den Teig etwa 1 cm dick ausrollen, in den leicht bemehlten Model drücken, Ränder abschneiden und abheben. Auf ein mit Backpapier ausgelegtes Blech legen und etwa 24 Stunden trocknen lassen.

Den Backofen auf 150 °C vorheizen.

Die Springerle mit Backpapier abgedeckt 25–30 Minuten backen. Darauf achten, dass sich unten goldgelbe Füßchen bilden und die Plätzchen oben weiß bleiben. Abkühlen lassen und ein paar Tage offen stehen lassen, damit die Springerle weich werden.

Nach dem Erkalten können die Springerle noch mit Speisefarbe bemalt werden. So machen sie sich auch gut als essbarer Christbaumschmuck.

Anisplätzchen

anisplätzchen

8 Eier
1 Prise Salz
500 g Zucker
Abrieb von ½ Bio-Zitrone
1 TL gemahlene Anissamen
1 Msp. Hirschhornsalz
600 g Mehl

Die Eier trennen. Die Eiweiße mit etwas Salz steif schlagen, die Eigelbe mit dem Zucker sehr schaumig rühren. Zitronenabrieb, Anis und Hirschhornsalz unter die Eigelbmasse mengen. Das Mehl darübersieben und unterrühren. Zuletzt den Eischnee unterheben.

Mit einem Teelöffel Teig abnehmen und auf ein mit Backpapier ausgelegtes Blech setzen. Etwa 24 Stunden antrocknen lassen.

Den Backofen auf 150 °C vorheizen und die Anisplätzchen in 10–15 Minuten darin goldgelb backen.

Aniskipf

500 g Mehl
1 Würfel Hefe
100 g Zucker
170 ml lauwarme Milch
120 g Butter
2 Eier
1 EL ganze Anissamen
½ TL Salz

lauwarme Milch zum Bestreichen
Mohn zum Bestreuen

Alle Zutaten Raumtemperatur annehmen lassen. Das Mehl in eine Schüssel sieben, in die Mitte eine Mulde drücken und die Hefe hineinbröckeln. 3 EL Zucker darüberstreuen und beides mit 5 EL Milch und wenig Mehl vom Rand zu einem Vorteig anrühren. Abgedeckt an einem warmen Ort etwa 15 Minuten gehen lassen. Die Butter zerlassen und abkühlen lassen.

Die restlichen Zutaten in den Teig einarbeiten und kräftig verkneten, bis dieser glatt und geschmeidig ist und sich vom Schüsselboden löst. Abgedeckt an einem warmen Ort weitere 30 Minuten gehen lassen, bis der Teig das Doppelte seines Volumens erreicht hat.

Zu einem ovalen Laib formen, mit Milch bestreichen und mit Mohn bestreuen. Nochmals 15 Minuten gehen lassen.

Den Backofen inzwischen auf 175 °C vorheizen.

Den Kipf etwa 45 Minuten darin backen.

Nachwort

Wer mit Nanette sprach, lauschte den Erzählungen einer kleinen, alten Frau, mit deren Bescheidenheit nicht zu erahnen gewesen war, wie viel die ganze Region ihr verdankte. Wer bei meinen Nachforschungen über Nanette sprach, erinnerte sich an eine Persönlichkeit, die große Ideen hatte und für viele kleine Dinge einstand, die ihr am Herzen lagen. Und wer sich am Tag der Beisetzung von Nanette verabschiedete, stand in einem Meer aus Menschen, die alle gleichermaßen auf vielfältigste Weise von ihr und ihren Taten geprägt worden waren. Eine kleine Frau also, die im Jahr 2018 eine große Leere hinterließ.

Nanette war der Mittelpunkt des Bauhofs gewesen. Sie hatte ihn mit Leben gefüllt – wortwörtlich. So waren in ihrem Gedächtnis längst vergessene Traditionen und Bräuche eingebrannt und sie ließ ›den Niederfall‹ für die ganze Gemeinde wiederaufleben. »Gefeiert wurde nach dem Einfahren des letzten Erntewagens, da ist man auf die Knie niedergefallen, um Gott zu danken«, erzählt ihre Schwiegertochter Gerlinde. »Die Frauen hatten allerhand gebacken und die ganze darauffolgende Woche über gab es so viel zu essen wie sonst nie.« Die Pflege der fast vergessenen Traditionen war Nanette schließlich ein großes Anliegen. Sie hielt Vorträge über das bäuerliche Brauchtum und wurde nicht müde, jedes Jahr an die wichtigsten Lostage zu erinnern. »Ich war gern Bäuerin, das muss ich ehrlich sagen«, meinte Nanette einmal. Und wie gern sie es war, wurde in allem, was sie tat, spürbar. Heute blicken die Landfrauen dankbar auf die vielen Veranstaltungen, die Nanette organisiert hatte, und auf ihren unermüdlichen Einsatz für die Weiterbildung der Bäuerinnen sowie die Wertschätzung ihrer Arbeit zurück. »Ohne die Fahrten und Kurse, die Nanette ins Leben gerufen hat, wären wir nie von daheim rausgekommen.«

Schließlich war Nanette aber auch der Mittelpunkt ihrer Familie gewesen. Als sich unser Treffen am Abendtisch, damals an diesem verregneten Tag im Juli, dem Ende neigte, brannte mir noch eine Frage auf den Lippen. »Was ist eure schönste Erinnerung an Nanette?« Jeder im Raum hielt einen kurzen Moment den Atem an, dann ordneten sich die Gedanken, und Fritz und Elisabeth erzählten aus ihrer Kindheit von vertrauten Momenten mit ihrer Mutter. Dann hieß es, Nanette sei in den letzten Jahren ihres Lebens milde geworden, habe sich über die kleinsten Dinge – einen Nachmittag im Garten – ganz besonders gefreut und war dankbar für jeden Handgriff, den man ihr abnahm. Sie war »unglaublich gastfreundlich gewesen, immer offen und herzlich«, wegen der Gastwirtschaft sei auch bei spontanen Zusammenkünften jederzeit für das Wohl der Gäste gesorgt gewesen. Schließlich ging das Wort an Nanettes Enkelin Annina, deren Blick ihre Eltern, ihre Tante und ihren Onkel streifte, bis er an mir haften blieb. Dann lächelte sie. »Als Kind schaute ich Oma oft beim Backen zu, danach gab es Tee mit ihr und Mama. Ich erinnere mich an ihr helles, ehrliches Lachen. Ja, das gefiel mir besonders.«

*28.6.1832 Greinersdorf †5.5.1890 Cadolzburg
*22.6.1831 Cadolzburg †5.2.1889 Cadolzburg
*6.3.1819 Cadolzburg †13.4.1878 Cadolzburg
*1.9.1840 Wachendorf †27.5.1912 Cadolzburg
*21.1.1855 Cadolzburg †28.11.1933 Cadolzburg
*10.1.1858 Cadolzburg †9.3.1924 Cadolzburg
*26.6.1851 Altenberg †20.5.1910 Cadolzburg
5.5.1863
29.11.1878
8.2.1881
Volland, Johann Georg *25.5.1860 Cadolzburg †5.4.1936 Cadolzburg
Meier, Anna Marg. Babetta *31.10.1867 Cadolzburg †18.9.1929 Cadolzburg
Stammbaum der Familie
Herz, Cadolzburg, Bauhof
Stöber, Johann Friedrich *15.8.1876 Cadolzburg †16.9.1952 Cadolzburg
Bauer, Johanna Babetta *21.7.1878 Altenberg †5.4.1937 Cadolzburg
20.1.1891
16.4.1901
Herz, Johann Martin *10.10.1877 Cadolzburg †4.6.1960 Cadolzburg
3.7.1919
Volland, Anna Elisabetha *4.5.1893 Cadolzburg †31.1.1982 Cadolzburg
Herz, Johann *17.1.1921 Cadolzburg
24.9.1948
Stöber, Nanette Dorothea *21.1.1927 Cadolzburg
Stöber, Conrad *21.6.1907 Cadolzburg
25.3.1930
Herz, Johann Friedrich *29.12.1953 Cadolzburg ∞30.7.1983 mit

ein leben in zahlen

1927–2018

1941	Konfirmation, Landfrauenschule in Blaubeuren
1948	Heirat
1949	erstes Auto (VW-Käfer)
1951	Geburt der Tochter Elisabeth, erster Schlepper von MAN
1953	Geburt des Sohnes Fritz, erste Waschmaschine von Constructa
1959	Meisterprüfung in Hauswirtschaft
1962	Wahl zur Kreisbäuerin
1965	Aufgabe der Milchviehhaltung
1983	Gründung des Landfrauenchors Fürth
1984	Verleihung des Bundesverdienstkreuzes am Bande
1985	Tod des Ehemanns Hans Herz
1992	Ernennung zur Ehrenkreisbäuerin
1994	Übergabe des Hofes an den Sohn
2004	Auszeichnung mit der Landkreismedaille

register

danksagung

Dieses Buch würde es nicht geben ohne die großzügige Unterstützung der Familien Herz und Himpel und Gudrun Flohr, die mir und dem Verlagsteam so viel Vertrauen geschenkt und einen so tiefen Einblick in Nanettes Leben gewährt hatten. Danke für die schöne gemeinsame Zeit, die vielen Gespräche und dass wir in eure Familiengeschichte eintauchen und euren Rezeptschatz heben durften. Ebenso möchte ich den Damen des Landfrauenchors für einen wahrlich unterhaltsamen Abend sowie allen anderen Beteiligten für ihre Mithilfe danken. Von Nanette erzählen und ihre liebsten Rezepte der Nachwelt zugänglich machen zu dürfen, war mir eine ganz besondere Ehre.

hinweis

Alle Textstellen, in denen Nanette direkt oder indirekt zitiert wird, beziehen sich auf Erzählungen der oben genannten Personen und auf ein Interview mit Nanette, welches vom »Haus der Bayerischen Geschichte, Augsburg« am 22.11.2008 geführt wurde. Für das Bereitstellen der Materialien möchte sich der Verlag ganz herzlich bedanken.